Hofmannsthal · Lyrische Dramen

Hugo von Hofmannsthal

Lyrische Dramen

Herausgegeben von
Andreas Thomasberger

Philipp Reclam jun. Stuttgart

RECLAMS UNIVERSAL-BIBLIOTHEK Nr. 18038
Alle Rechte vorbehalten
© 2000 Philipp Reclam jun. GmbH & Co., Stuttgart
Gesamtherstellung: Reclam, Ditzingen. Printed in Germany 2006
RECLAM, UNIVERSAL-BIBLIOTHEK und
RECLAMS UNIVERSAL-BIBLIOTHEK sind eingetragene Marken
der Philipp Reclam jun. GmbH & Co., Stuttgart
ISBN-13: 978-3-15-018038-9
ISBN-10: 3-15-018038-4

www.reclam.de

Inhalt

Gestern

Dramatische Studie

DER KARDINAL von Ostia
ANDREA
ARLETTE
FANTASIO, der Dichter
FORTUNIO, der Maler
SER VESPASIANO
MOSCA, der Parasit
CORBACCIO, der Schauspieler
MARSILIO, ein fremder Mann
ZWEI DIENER des Andrea

In Andreas Haus zu Imola.
Zur Zeit der großen Maler.

Gartensaal im Hause Andreas. Reiche Architektur der sinken-
den Renaissance, die Wände mit Stukkaturen und Grotesken
geziert. Links und rechts je ein hohes Fenster und je eine kleine
Tür mit Vorhängen, darauf Darstellungen aus der Aeneis. Mit-
teltür ebenso, dahinter eine Terrasse, die rückwärts mit vergol-
deten Efeugittern abgeschlossen ist, links und rechts Stufen zum
Garten hat. In der linken Ecke von Wand zu Wand eine dun-
kelrote Hängematte an silbernen Ringen. An den Pfeilern ge-
schnitzte Truhen zum Sitzen. In der Mitte eine Majolikaherme
des Aretino. Am Pfeiler rechts eine tragbare kleine Orgel mit
freien Blasebälgen; sie steht auf einer schwarzen Ebenholztruhe,
die in lichtem, eingelegtem Holz harfenspielende Tritonen und
syrinxblasende Faune zeigt. Darüber hängen an der Wand eine
dreisaitige Geige, in einen Satyrkopf auslaufend und ein langes
Monochord, mit Elfenbein eingelegt. Von der Decke hängen
Ampeln in den strengeren Formen der Frührenaissance. –
Morgendämmerung, Fenster und Türen verhängt.

Erste Szene

ARLETTE *(durch die kleine Tür rechts; sie läuft in die Mitte des*
Zimmers, lauscht).
  Madonna! Ja! Die Gartentür . . und Schritte!
  (Nach rechts zurückrufend.)
  Er ist's, geh! Geh! Und bück dich! Durch die Mitte!
  (Dann schiebt sie schnell den Vorhang zu, läuft nach der
  Hängematte und legt sich hinein. Sie streckt noch einmal den
  Kopf empor und stellt sich dann schlafend.)

ANDREA *(kommt durch die Mitteltür, pfeifend; er legt den De-*
gen ab, dann bemerkt er Arlette, geht hin und küßt sie auf
die Stirn).

ARLETTE *(scheinbar aufschreckend).*
   Andrea!

ANDREA.   Ach, hab ich dich aufgeweckt?
   Das wollt' ich nicht!

ARLETTE.   Du hast mich so erschreckt!

ANDREA.
   Was hast du denn?

ARLETTE *(schnell).*   Du bist schon lange hier?

ANDREA.
   Ich komme eben. Aber . . sage mir . . .

ARLETTE *(sie spricht schnell und erregt und sieht verstohlen*
nach der Tür rechts).
   Nein, nein . . nichts . . weißt du, ich bin eingeschlafen . .
   Ja . . in der Nacht . . da lief ich in den Garten . .
   Ich hatte Angst . . ich wollte dich erwarten . .
   (Allmählich ruhiger.)
   Ich weiß nicht . . Ein unsinniges Gefühl . .
   Mich ängstigte mein großes, stilles Zimmer,
   Es war so atmend lau und duftig schwül,
   Am Gartengitter spielte weißer Schimmer,
   Und da . . ich weiß nicht . . trat ich hier herein,
   (Sie richtet sich auf und lehnt sich an ihn.)
   Mir war, als wär' ich weniger allein . .
   (Pause.)
   Du kommst sehr früh?

ANDREA.   Es ist ja fast schon licht,
   Doch komm, wir könnten jetzt hinübergehen
   Zu dir, zu uns . . .
   (Er will sie sanft mitziehen.)

ARLETTE *(ängstlich).*   Andrea! Nicht . .
   Mein Zimmer hat . . .

ANDREA.   Was hat es denn, du Kind?

ARLETTE *(schmeichelnd)*.

Bleib da! Im Garten rauscht so süß die Nacht,
Man hört's nur hier!

ANDREA.   Das ist der Morgenwind,

Das ist des Tages Rauschen, der erwacht!

ARLETTE.

Komm in den Garten, in das feuchte Grau!
Ich sehne mich nach Tau, nach frischem Tau!
Wie damals, weißt du noch, wie wir uns trafen
Im Park von Trevi, taubesprengt, verschlafen?

ANDREA.

Den Tau des Sommers trinkt die Sonne schnell!
(Er schiebt einen Vorhang weg.)
Es ist schon licht, Arlette!

ARLETTE *(ganz aufgestanden)*.   Laß! So grell!

Es schmerzt. O laß die kühle, halbe Nacht,
Ich fühl, daß heut das Licht mich häßlich macht.

ANDREA.

Du bist sehr blaß.

ARLETTE.   Du weißt, ich hab gewacht.

ANDREA *(gereizt)*.

Wer hieß dich wachen?

ARLETTE.   Mußt du mich noch quälen,

Daß du mich quältest! Nein, du sollst erzählen,
Und bin ich schon die Nacht allein geblieben,
Will ich doch wissen, was dich fortgetrieben.

ANDREA.

Du weißt ja, Kind, daß ich bei Palla war.

ARLETTE.

Und dort?

ANDREA.   Wie immer die gewohnte Schar:

Fantasio, Pietro, Grumio, Strozzi auch,
Kurz alle, nur Lorenzo hat gefehlt.

ARLETTE *(lauernd).*
  Warum denn der?
ANDREA.   Er hat den Grund verhehlt,
  Man fragt doch nicht . . vielleicht ein Stelldichein.
ARLETTE.
  So weißt du?
ANDREA.   Nein.
ARLETTE.   Doch glaubst du etwa?
ANDREA.   Nein.
  Was fragst du denn?
ARLETTE *(ablenkend).*   Und was habt ihr gemacht?
ANDREA.
  Geprahlt, gespielt, getrunken und gelacht . .
  Was man mit Männern tut, wenn man nicht streitet,
  Die meisten haben mich bis her begleitet,
  Sie kommen heut recht früh . . .
ARLETTE.   Gesteh's, dir sind
  doch Frauen lieber.
ANDREA.   Bis auf eines, Kind.
  Die lieben mich, weil ich der Klügste bin.
ARLETTE.
  Sie lieben dich, weil sie dich brauchen können!
ANDREA.
  Und wenn's so ist! Ich frage nicht nach Gründen!
  Nur aus sich selber strömt, was wir empfinden,
  Und nur Empfindung findet rück die Pforte:
  Ohnmächtig sind die Taten, leer die Worte!
  Ergründen macht Empfinden unerträglich,
  Und jedes wahre Fühlen ist unsäglich . .
  Nicht was ich denke, glaube, höre, sehe,
  Dein Zauber bindet mich und deine Nähe . .
  Und wenn du mich betrögest und mein Lieben,
  Du wärst für mich dieselbe doch geblieben!
ARLETTE.
  Nimm dich in acht, der Glaube ist gefährlich!

ANDREA.

O nein, nur schön und kühn, berauschend, ehrlich,
Er spült uns fort, was unsern Geist umklammert,
Als Rücksicht hemmt und als Gewissen jammert,
Mit tausend unverdienten Strafen droht,
Wenn wir nicht lügen, wo Empfinden tot;
Er lehret uns als weises Recht erkennen,
Was wir gewöhnlich tuen und nicht nennen ..
(Leiser.)
Es ist ja Leben stummes Weiterwandern
Von Millionen, die noch nicht verstehn,
Und, wenn sich jemals zwei ins Auge sehn,
So sieht ein jeder sich nur in dem andern.

ARLETTE.

Und was sind jene, die wir Freunde nennen?

ANDREA.

Die, drin wir klarer unser Selbst erkennen.
.. Es gärt in mir ein ungestümes Wollen,
Nach einem Ritt, nach einem wilden, tollen ..
So werde ich nach meinem Pferde rufen:
Es keucht, die Funken sprühen von den Hufen,
Was kümmert's mich, die Laune ist gestillt!
Ein andermal durch meine Seele quillt
Ein unbestimmtes, schmelzendes Verlangen
Nach Tönen, die mich bebend leis umfangen ..
So werd ich aus der Geige strömen lassen
Ihr Weinen, ihres Sehnens dunkle Fluten,
Ekstatisch tiefstes Stöhnen, heißes Girren,
Der Geigenseele rätselhaftes Bluten ..
(Er hält einen Augenblick inne.)
Ein andermal werd ich den Degen fassen,
Weil's mich verlangt nach einer Klinge Schwirren:
Das Roß, das Geigenspiel, die Degenklinge,
Lebendig nur durch unsrer Laune Leben,

Des Lebens wert, solang sie uns es geben,
Sie sind im Grunde tote, leere Dinge!
Die Freunde so, ihr Leben ist ein Schein,
Ich lebe, der sie brauche, ich allein!
In jedem schläft ein Funken, der mir frommt,
Der früher, später doch zu Tage kommt:
Vielleicht ein Scherz, der meine Laune streichelt,
Ein Wort vielleicht, das mir im Traume schmeichelt,
Ein neuer Rausch vielleicht, ein neu Genießen,
Vielleicht auch Qualen, die mir viel erschließen,
Vielleicht ein feiger, weicher Sklavensinn,
Der mich erheitert, wenn ich grausam bin,
Vielleicht .. was weiß ich noch .. ich kann sie brauchen,
Weil sie für mich nach tausend Perlen tauchen,
Weil eine Angst nur ist in meiner Seele:
Daß ich das Höchste, Tiefste doch verfehle!
(Leise.)
Dem Tode neid ich alles, was er wirbt,
Es ist vielleicht mein Schicksal, das da stirbt,
Das andere, das Große, Ungelebte,
Das nicht der Zufall schnöd zusammenklebte.
Darum, Arlette, bangt mir im Genusse,
Ich zage, wenn der volle Becher schäumt,
Ein Zweifel schreit in mir bei jedem Kusse:
Hast du das Beste nicht, wie leicht, versäumt?!

ARLETTE *(mit geschlossenen Augen)*.
Ich habe nie von Besserem geträumt.

ANDREA.
Es ahnt das Herz ja nicht, was es entbehrt,
Und was ihm zugefallen, hält es wert.
Ich aber will kein Dämmern, ich will Wachen,
Ich will mein Leben fühlen, dichten, machen!
Erst wenn zum Kranz sich jede Blume flicht,
Wenn jede Lust die rechte Frucht sich bricht,

Ein jedes Fühlen mit harmonisch spricht,
Dann ist das Leben Leben, früher nicht!
(Pause.)
Arlette, steh auf .. Die Stunde ist nicht weit.

ARLETTE.

Ach ja, sie kommen wieder .. Welches Kleid?
Das grüne, das dir gestern so gefiel,
Das weiche, mit dem matten Faltenspiel?

ANDREA.

Das blasse, grüne, mit den Wasserrosen?

ARLETTE.

Und mit dem Gürtel, mit dem breiten, losen ...

ANDREA.

Was fällt dir ein, das hat mir nie gefallen.

ARLETTE.

O ja, erst gestern sagtest du's vor allen ...

ANDREA.

Mußt du mit gestern stets das Heute stören?
Muß ich die Fessel immer klirren hören,
Die ewig dir am Fuß beengend hängt,
Wenn ich für mich sie tausendmal gesprengt!
Weil gestern blasse Dämmerung um uns hing,
Zum grünen Nil die Seele träumen ging,
Weil unbestimmte Lichter um uns flogen,
Am Himmel bleiche Wolken sehnend zogen ..
Ein Abgrund trennt uns davon, sieben Stunden,
Für immer ist dies Gestern hingeschwunden!
Heut ist ein Tag Correggios, reif erglühend,
In ganzen Farben, lachend, prangend, blühend,
Heut ist ein Tag der üppigen Magnolien,
Der schwellenden, der reifen Zentifolien;
Heut nimm dein gelbes Kleid, das schwere, reiche,
Und dunkelrote Rosen, heiße, weiche ..
Verlerntest du am Gestern nur zu halten,

Auf dieses Toten hohlen Ruf zu lauschen:
Laß dir des Heute wechselnde Gewalten,
Genuß und Qualen, durch die Seele rauschen,
Vergiß das Unverständliche, das war:
Das Gestern lügt, und nur das Heut ist wahr!
Laß dich von jedem Augenblicke treiben,
Das ist der Weg, dir selber treu zu bleiben.
Der Stimmung folg, die deiner niemals harrt,
Gib dich ihr hin, so wirst du dich bewahren,
Von ausgelebten drohen dir Gefahren:
Und Lüge wird die Wahrheit, die erstarrt!
Jetzt geh, mein Kind. Nimm auch die goldnen Reifen,
Die mit den Gemmen. Und die neuen Spangen,
Wir haben frühe Gäste zu empfangen.

Zweite Szene

Andrea, dann Diener, darauf Marsilio.

DIENER.
Es ist ein fremder Mann am Gartentor,
Er will allein dem Herren –
ANDREA.   Laß ihn vor.
MARSILIO *(durch die Mitteltür, dunkel gekleidet; er tritt lang-
    sam auf Andrea zu, der ihn forschend ansieht).*
Ich sehe, Herr, ich bin dir unbekannt.
Von Padua hat man mich hergesandt.
ANDREA.
Der Stimme Klang .. Marsilio! Mein Gefährte!
MARSILIO.
Marsilio, den der Gnade Strahl verklärte.
(Nach einer Pause.)
Andrea, hast du ganz der Zeit vergessen,
Da wir so viel, so Großes uns vermessen . . .?

ANDREA.

Es war so schön, die Lust am Sichverlieren
In unergründlichen, verbotenen Revieren . . .

MARSILIO.

Wir schworen uns, ein neu Geschlecht zu gründen.

ANDREA *(lächelnd)*.

Ich bin gescheitert an den alten Sünden.

MARSILIO.

Erloschen find ich jeden kleinsten Funken?

ANDREA.

Der kleine ist in größeren versunken . .
(Halblaut.)
Du Stück lebendiger Vergangenheit,
Wie unverständlich, unerreichbar weit!
Wie schwebst du schattenhaft und fremd vorbei,
Du abgestreiftes, enges Kleid: Partei!

MARSILIO *(trocken)*.

Wer nicht für mich ist, der ist wider mich.
So spricht der Herr . . Ich gehe.

ANDREA *(befehlend)*.   Bleib und sprich!
(Milder.)
Von meiner Tür ist keiner noch gegangen,
Der nicht Verständnis wenigstens empfangen.

MARSILIO.

Was einst in unsern jungen Herzen war,
Heut ist's der Glaube einer frommen Schar:
Von Padua entzündet, soll auf Erden
Das Licht Savonarolas wieder werden,
Der reinigenden Reue heller Brand
Hinfahren durch dies angefaulte Land.
Mit feuchten Geißeln, blutbesprengten Haaren
Durchziehn Perugia schon die Büßerscharen.
Es zucken feige die zerfleischten Glieder,
Des Geistes Sieg verkünden ihre Lieder.

Auf ihren Stirnen, den verklärten, bleichen,
Flammt durch den Qualm der Nacht das Kreuzeszeichen,
Es geht vor unsrer Schar ein Gotteswehen,
Der heil'gen Wut kann keiner widerstehen.

ANDREA *(halblaut)*.
Das ist der Tausch, den damals ich geahnt.

MARSILIO.
Nach Forli ist der Weg uns schon gebahnt.

ANDREA.
Und hier soll ich euch helfen, Bahn zu brechen?

MARSILIO.
Ich fordre keine Tat und kein Versprechen.
Von selbst erwacht der Wille zum Zerstören,
Die Gnade, die das eigene Elend zeigt;
Nur schützen sollst du mich, daß sie mich hören,
Ich weiß, dein Haus ist mächtig, weitverzweigt.

ANDREA.
Ich will dich schützen, ohne mein Geschlecht,
Das jedem Neuen blöde widersteht,
Das selbstgesetzten Zwangs, sein eigner Knecht,
Verdammt und ächtet, was es nicht versteht!
Ich will dich schützen: hier in meinem Haus,
Von Licht umfunkelt, zwischen Spiel und Schmaus,
Hier sollen sie das Kreuz, die Geißel finden,
Den Totenkopf, in blumigen Gewinden!
Ein Grabesschauer soll den Saal durchfluten,
Und wenn du weckst die heiligtollen Gluten,
Und wenn sie einen Scheiterhaufen schichten
Aus Bildern, Blumen, Teppichen, Gedichten,
Und taumelnd schlingen einen Büßerreigen . .
Die Stirnen in den Staub des Bodens neigen,
Zu Füßen dir die blassen, schönen Frauen! . .
Ich will dich schützen . . denn das möcht' ich schauen.
Jetzt geh, mein Freund, vertraue dich der Rast.
In Imola kränkt niemand meinen Gast.

Dritte Szene

Andrea, dann Diener, darauf Kardinal und Fortunio.

ANDREA *(Marsilio nachblickend).*
  Es gibt noch Stürme, die mich nie durchbebt!
  Noch Ungefühltes kann das Leben schenken . .
  Nur an das eine möcht' ich niemals denken:
  Wie schal dies sein wird, wenn ich's ausgelebt!

DIENER.
  Des Kardinals von Ostia Eminenz
  Und Herr Fortunio treten in den Garten.

ANDREA.
  Sag der Madonna, daß wir sie erwarten.
  (Der Kardinal und Fortunio, der Maler, treten durch die Mit-
  teltür ein; der Kardinal ist kurzatmig und setzt sich gleich
  nieder, die beiden andern stehen.)

KARDINAL.
  Fortunio erzählte mir gerade,
  Daß ich recht viel versäumt bei Palla, schade.

ANDREA *(zerstreut).*
  Bei Palla, gestern abend, ja . . ja, ja . . .

FORTUNIO.
  Du selbst warst froh, wie ich dich selten sah,
  Dein Wort hat uns berauscht und nicht der Wein!

ANDREA.
  Das hätte mir geschmeichelt vor sechs Stunden,
  Jetzt langweilt's mich . . . Die Stimmung ist
                                     verschwunden!
  Und sie zu zwingen kann ich nicht ertragen!
  Die kalte Asche . . .

FORTUNIO *(der erstaunt die rechte Seitenwand mustert).*
                  Du, ich darf wohl fragen,
  Sag, wo ist denn das alte Bild von mir . .

Der Schwan der Leda hing doch früher hier? . .
Daß jetzt ein Palma die Lünette schmückt,
Den die Umgebung noch dazu erdrückt? . .
Er flog wohl fort auf Nimmerwiedersehen,
Mein armer Schwan, vor deiner Laune Wehen?

ANDREA *(erst ungeduldig, dann mit steigender Wärme).*
Versteh mich recht: du selber sollst entscheiden!
Ziemt's nicht, das Oftgesuchte oft zu meiden?
Hat nicht die Laune Wechsel, nicht die Kraft?
Erwacht und stirbt nicht jede Leidenschaft?
Wer lehrte uns, den Namen ›Seele‹ geben
Dem Beieinandersein von tausend Leben?
Was macht das Alte gut und schlecht das Neue?
Wer darf verlangen, wer versprechen Treue?
Ist nicht gemengt in unserm Lebenssaft
So Menschentum wie Tier, kentaurenhaft?
Mir ist vor keinem meiner Triebe bange:
Ich lausche nur, was jeglicher verlange!
Da will der eine in Askese beben,
Mit keuschen Engeln Giottos sich umgeben,
Der andere will des Lebens reife Garben,
Des Meisters von Cadore heiße Farben,
Des dritten tolle Laune wird verlangen
Nach giorgioneskem Graun, Dämonenbangen;
Der nächste Tag wird Amoretten wollen,
Mit runden Gliedern, Händchen, rosig vollen,
Und übermorgen brauch ich mystisch Sehnen
Mit halben Farben, blassen Mädchen, Tränen . .
Ich will der freien Triebe freies Spiel,
Beengt von keinem, auch nicht – deinem Stil!

FORTUNIO.
Was sprichst du viel, so Einfaches zu sagen:
Du trägst die Stimmung nicht, du läßt dich tragen!

ANDREA.

   Ist nicht dies ›Tragenlassen‹ auch ein Handeln?
   Ist es nicht weise, willig sich zu wandeln,
   Wenn wir uns unaufhaltsam wandeln müssen?
   Mit neuen Sinnen neue Lust zu spüren,
   Wenn ihren Reiz die alten doch verlieren,
   Vom Gestern sich mit freier Kraft zu reißen,
   Statt Treue, was nur Schwäche ist, zu heißen!

Vierte Szene

*Ser Vespasiano, Mosca, Corbaccio; Vespasiano, eine Kondottiere-
figur, Degen und Dolch, Corbaccio in schreienden Farben gekleidet, Mosca ganz weiß; die geschlitzten Ärmel lichtgelb aus-
geschlagen, weißen barettartigen Hut mit weißen Federn, gelb
gefüttert und mit einem Spiegel im Innern; gelbe Handschuhe
im Gürtel; kurzen Degen, weiße Schnabelschuhe. Die Sprechenden (Andrea, Mosca, Vespasiano) stehen links, Corbaccio begrüßt bald den Kardinal, der in der Mitte unter der Büste des
Aretino sitzt, bleibt vor ihm stehen und scheint ihn zu unter-
halten; Fortunio besieht aufmerksam die Orgel.*

MOSCA.

   Weißt du, Andrea, wo wir eben waren?
   Im Stall. Die sind nicht teuer, meiner Treu!
   Ein Prachtgespann! Ich habe selbst gefahren!

ANDREA.

   Daß du das nicht verstehst, ist mir nicht neu . .
   Du kennst das Sprichwort: Wenn der Narr erst lobt . .
   Nein, nein, ich habe selber sie erprobt . .
   (Sehr ruhig zu Vespasiano.)
   Ser Vespasiano, wenn es Euch beliebt,

Beim Pferdekauf mich nächstens zu betrügen,
Erspart die Mühe, Herr, mich anzulügen,
Das ist so schal, alltäglich und gemein.

VESPASIANO.

Messer! Ich weiß nicht ...

ANDREA *(mit leiser Ironie).*   Bitte, steckt nur ein!
Ich weiß, man sagt das nicht .. man tut es nur.
Ich kenne dieses edlen Stahles Pflicht,
Er löscht im Blute jedes Argwohns Spur,
Doch unter uns, da braucht's dergleichen nicht.
*(Der Kardinal und Corbaccio hören aufmerksam zu, auch
Fortunio ist hinzugetreten, Mosca lehnt an der Matte und
sieht manchmal in seinen Spiegel. Ungeduldig.)*
Könnt Ihr denn nie auf meinen Ton Euch stimmen,
Müßt Ihr denn ewig mit dem Pöbel schwimmen,
Der einer Schande tiefres Maß nicht kennt,
Als wenn den Hinz der Kunze ›Schurke‹ nennt?
(Verbindlich lächelnd.)
Ich liebe Schurken, ich kann sie verstehen,
Und niemand mag ich lieber um mich sehen.
So gern mein Aug den wilden Panther späht,
Weil niemals sich der nächste Sprung verrät,
So haß ich die, die ihre Triebe zähmen
Und sich gemeiner Ehrlichkeit bequemen.
Es ist manchmal so gut, Verrat zu üben!
So reizend, grundlos, sinnlos zu betrüben!
Der grade Weg liegt manches Mal so fern!
Wir lügen alle und ich selbst – wie gern!
O goldne Lügen, werdend ohne Grund,
Ein Trieb der Kunst, im unbewußten Mund!
O weise Lügen, mühevoll gewebt,
Wo eins das andre färbt und hält und hebt!
Wie süß, die Lüge wissend zu genießen,
Bis Lüg und Wahrheit sanft zusammenfließen,

Und dann zu wissen, wie uns jeder Zug
Im Wirbel näher treibt dem Selbstbetrug!
Das alles üben alle wir alltäglich
Und vieles mehr, unschätzbar und unsäglich!
Eintönig ist das Gute, schal und bleich,
Allein die Sünde ist unendlich reich!
Und es ist nichts verächtlicher auf Erden,
Als dumm betrügen, dumm betrogen werden!
*(Er spricht die letzten Worte mit Beziehung auf Vespasiano;
Corbaccio und der Kardinal sehen einander verstohlen an
und lachen. Andrea sieht sich einen Augenblick fragend um.)*

Fünfte Szene

FANTASIO *(der Dichter, kommt durch die Mitteltür und ruft
    Andrea zu).*
  Andrea! Freund! Das war nicht wohlgetan.
MOSCA.
  Was denn?
FORTUNIO *(wie oben).*
          Dann steht es nicht in deiner Macht,
  Und keiner mehr belebt die toten Mauern!
KARDINAL.
  Was hat er denn?
FORTUNIO.   So wißt ihr es denn nicht?
ANDREA *(ungeduldig unterbrechend).*
  Ich will euch deuten, was der Dichter spricht!
  Den Architekten hab ich fortgeschickt,
  Den Seristori.
KARDINAL.   Ja warum?
CORBACCIO.   Seit wann?

ANDREA.
> Ich konnte nicht mehr reden mit dem Mann.

FANTASIO.
> Ich glaub vielmehr, er nicht mit dir!

ANDREA.   Gleichviel!
> Ich bin ihm dankbar. Er hat mich gelehrt,
> Wie sehr man frevelt, wenn man Totes nährt,
> Und der Gewohnheit Trieb mißnennet ›Ziel‹.
> Mein Architekt, weil wir uns nicht verstanden,
> Hat mich gelöst aus meiner Pläne Banden ...

FORTUNIO.
> So baust du nicht?

ANDREA.   Jetzt nicht. Ein andermal.
> Jetzt nicht! Weil alles, was da wird und ragt,
> In Marmorformen reift – mir nichts mehr sagt!
> Weil meine Schöpferkraft am Schaffen stirbt
> Und die Erfüllung stets den Wunsch verdirbt.
> *(Von einem zum andern gehend.)*
> Gib mir die Weihe, Oheim Kardinal,
> Die mich erst schützt vor dieser Höllenqual!
> Entzünde, Dichter, wieder in der Brust
> Wie damals Kraft, Tyrannenkraft und Lust!
> Laß mich verkörpert sehen, Histrione,
> Mein Selbst von damals, mit dem wahren Tone!
> Laß du mich, Maler, Formen, Farben schauen,
> Die damals mich erfüllt: dann will ich bauen!
> *(Pause.)*
> Ihr könnt es nicht: dann gibt's auch keine Pflicht,
> Die dieses Heut an jenes Damals flicht.
> Dann sollen in den Teich, den spiegelnd blauen,
> Ruinen, totgeboren, niederschauen.
> Ich sehe schon das irre Mondenlicht,
> Wie's durch geborstne Säulen zitternd bricht.
> Ich sehe schon die schaumgekrönten Wogen

Sich sprühend brechen an zersprengten Bogen.
Und langsam webt die Zeit um diese Mauern
Ein blasses, königliches, wahres Trauern:
Dann wird, was heute quält wie ein Mißlingen,
Uns schmerzlich reiche, leise Träume bringen.

FANTASIO.
Du rufst ihn nicht zurück? Der Bau verfällt?

ANDREA.
Mein Bau verfällt.
(Pause.)   Doch eins blieb unbestellt.
Ihr sollt mir raten. Denn ich taste kläglich,
Wenn mich die Dinge zwingen zum Entscheiden:
Mich zu entschließen, ist mir unerträglich,
Und jedes Wählen ist ein wahlloses Leiden.
Und heute – o sie wissen mich zu quälen! –
Soll wieder ich die Uferstelle wählen,
Wo ich den Landungssteg und die Terrasse
Für unser Boot – ihr wißt ja – bauen lasse!
(Mit dem Tone des Ekels leiernd.)
Ich gehe also mit den Baugesellen,
Durchwandre langsam alle Uferstellen:
Da lockt mich eine Bucht, die, sanftgeneigt,
Tiefdunkel, schläfrig plätschert, dichtumzweigt;
(Allmählich behaglicher, ausmalend.)
Die nächste ist von Felsen überhangen,
Erfüllt von reizvoll rätselhaftem Bangen;
Die nächste wieder schwankt hernieder mächtig
Und öffnet sich zur Lichtung weit und prächtig;
Die hat ein Echo, Wasserrosen jene,
Die dritte eine blumig weiche Lehne . . .
(Ungeduldig abbrechend.)
Ich kann nicht wählen, denn ich kann nicht meiden;
Nun stockt das Werk: So helft mir schnell entscheiden!
(Er geht dem Ausgang zu. Alle drängen sich, abgehend, um

ihn. Nur der Kardinal bleibt sitzen. Das Folgende wird
schnell, manches gleichzeitig gesprochen.)

MOSCA.
  Wir brauchen eine sanfte, runde Bucht,
  Nicht starre Felsen, rauher Klippen Wucht.

FANTASIO.
  Ich möchte liegen, wo die Binsen rauschen,
  Und auf des Wassers stillen Atem lauschen.

VESPASIANO.
  Am besten liegt sich's hinterm Felsenwall,
  Daran sich heulend bricht der Wogenprall.

CORBACCIO.
  Herr, ich weiß, welche Bucht wir nehmen sollen . . .

ANDREA *(halblaut)*.
  O, wie ich sie beneide um ihr Wollen!

FORTUNIO.
  So gehn wir endlich. Eminenz, und Ihr?

KARDINAL.
  Geht nur und wählt, ich schone meine Beine,
  Ihr kommt ja wieder. Schön. Ich bleibe hier.
  (Zu Andrea.)
  Ich bleibe hier und warte auf die Kleine.
  (Alle ab außer dem Kardinal.)

Sechste Szene

Kardinal. Arlette.

*Arlette, umgekleidet, durch die Tür rechts; im Spiel mit dem
Kardinal ist ihre Koketterie deutlicher als gewöhnlich.*

ARLETTE *(scheinbar suchend).*
  Andrea! Ach – Ihr seid es, hoher Herr,
  Nur Ihr?
KARDINAL.   Ist das zu wenig, kleine Sünde?
ARLETTE.
  Allein .. Andrea ...
KARDINAL.   Und wer ist der Gast,
  Für den wetteifern Glut und Duft und Glast,
  Für den die Steine und die Rosen prangen,
  Die schönen Rosen da .. und neuen Spangen?
  (Lauernd.)
  Wer ist der liebe Gast?
  (Er zieht sie zu sich.)
ARLETTE.   Was Ihr nur denkt!
  Andrea hat sie gestern mir geschenkt.
  Und für ihn schmück ich mich doch auch allein.
  Ich bin ihm treu. Ihr wißt's.
  (Er kneift die Augen zu und schüttelt den Kopf.)
                Was heißt das?
  (Heftig.)   Nein,
  Ich bin ihm treu!
KARDINAL *(leise, gemütlich).*
        Du lügst, Arlette.
ARLETTE.   Es sind
  Zwei Jahre jetzt, daß ich ...
KARDINAL *(wie oben).*   Bist gestern, Kind –
  *(Andrea kommt langsam, verstimmt über die Terrasse, durch
  die Mitteltür ins Zimmer.)*

ARLETTE *(gefaßt).*
  Ihr wißt?
KARDINAL *(dummpfiffig).*
        Lorenzo hat –
ARLETTE *(bemerkt Andrea).* So schweigt!
KARDINAL.   Vertrauen . . .
ARLETTE.
  Ich fleh Euch an.
KARDINAL *(lachend).* Ei, auf mich kannst du bauen!

Siebente Szene

Die Vorigen. Andrea kommt langsam auf sie zugegangen.

ANDREA *(Gereiztheit in der Stimme).*
  Ich störe doch wohl nicht.
ARLETTE *(schüchtern).*   Du kommst allein?
ANDREA.
  Ja, wie du siehst.
ARLETTE.   Du kommst mich holen?
ANDREA.   Nein.
KARDINAL.
  Die andern?
ANDREA.   Sind zum Teich hinabgegangen.
  (Nach einer Pause.)
  Wie mich's zuweilen ekelt vor der Schar!
  Nimmt keiner doch des Augenblicks Verlangen,
  Den Geist des Augenblickes keiner wahr!
  (Am Fenster.)
  Es liegt die Flut wie tot .. wie zähes Blei ..
  Die Sonne drückt .. aschgraue Wolken lauern ..
  Der Teich hat Flecken und die Binsen schauern ..

Den Sturm verkündet geller Möwenschrei:
Ich sehe schon des Sturms fahlweiße Schwinge ..
(Mit dem Tone der tiefsten Verachtung.)
Sie fühlen's nicht und reden andre Dinge! ..
(Pause.)
Nur einen gibt's, der das wie ich versteht!
Mein bester Freund, solang uns Sturm umweht!
In ihm ist, wie in mir, des Sturmes Seele:
Ich möchte nicht, daß er mir heute fehle.
Wo bleibt Lorenzo?
(Zum Kardinal.)   Hast du ihn gesehn?
KARDINAL *(mit behaglicher Ironie).*
So hast du einen Freund für Sturmeswehn,
Für Regen den und den für Sonnenschein,
Fürs Zimmer den und den zur Jagd im Frei'n?
ANDREA.
Und warum nicht? Was ist daran zu staunen?
Ist nicht die ganze ewige Natur
Nur ein Symbol für unsrer Seelen Launen?
Was suchen wir in ihr als unsre Spur?
Und wird uns alles nicht zum Gleichnisbronnen,
Uns auszudrücken, unsre Qual und Wonnen?
(Den Degen in die Hand nehmend.)
Du hier, mein Degen, bist mein heller Zorn!
(Auf die Orgel zeigend.)
Und hier steht meiner Träume reicher Born!
Ser Vespasiano ist mein Hang zum Streit,
Und Mosca .. Mosca meine Eitelkeit!
KARDINAL.
Und was bin ich, darf man das auch wohl fragen?
ANDREA.
Du, Oheim Kardinal, bist mein Behagen!
Du machst, daß mir's an meiner Tafel mundet:
Du zeigst mir, wie die Birne reif-gerundet;

Durch deine Augen seh ich Trüffel winken;
Du lehrst mir trinkend denken, denkend trinken!
Lorenzo ruf ich, wenn die Degen klirren,
Wenn Sturm die Segel bauscht, die Taue schwirren.
O denkst du noch an jene Nacht, Arlette:
Wir flogen mit dem Sturme um die Wette ..
Kein Lichtstrahl .. nur der Blitze zuckend Licht
Zeigt' mir die Klippen, weißen Schaum, den Mast.

ARLETTE *(mit zurückgeworfenen Armen und halbgeschlossenen Augen, stehend).*
Ich schloß die Augen .. aber fest und warm,
An deiner Brust .. hielt mich dein Arm umfaßt.

ANDREA *(schnell).*
Das war nicht mein, das war Lorenzos Arm!
Ich saß am Steuer.

ARLETTE *(in der Erinnerung versunken, ohne recht auf ihn zu hören, nickend).*   Mir war wie im Traum.
Ich dachte nicht. Versunken Zeit und Raum,
Vor mir noch seh ich jenen, fern und bleich ..
Verschwommen alles .. der das Steuer hielt,
Lorenzo .. fremd erschien mir sein Gesicht ..
Ich kannt' ihn kaum .. Mir war nicht kalt .. nicht
                                                bang,
Ich fühlte nur den Arm, der mich umschlang ..
Dann schlief ich ein ...

ANDREA *(sehr laut).*   Das war Lorenzo nicht!
(Mißtrauisch auf sie zugehend.)
Ich saß am Steuer.
(Sehr leise.)   Ich .. ich war wohl bleich ..
Ich, ich war dir so fern .. so fremd .. so gleich ..
Und als ich uns gerettet in den Hafen,
Warst in Lorenzos Arm du eingeschlafen.
(Ganz nahe.)
Weißt du das nicht?! Hast du das nie gewußt?!

(Er faßt sie am Arm und sieht sie forschend an. Dann wendet er sich plötzlich von ihr ab und geht mit starken Schritten zur Türe.)

Achte Szene

Corbaccio, später Fantasio, die Vorigen.

CORBACCIO *(eilig durch die Mitteltür. Er wendet sich an Arlette und den Kardinal, die links sitzen).*

CORBACCIO *(lebhaft).*
  Madonna, hört, Andrea! Kardinal!
  Ein Schauspiel habt ihr, sondergleich, versäumt:
  (Mit lebhaftem Gebärdenspiel, später mit allen Mitteln der schauspielerischen Erzählung.)
  Wie's niemals so komödienhaft sich träumt!
  Wir gehn hinab, da drängt sich vor dem Tor
  Ein Haufe Volks in aufgeregtem Chor,
  Ein Mann inmitten, der zu lehren scheint:
  Die Menge ächzt, die Menge stöhnt und weint,
  Dazu ein Kreischen, Frauen singen Psalm,
  Der Prediger ragt hager aus dem Qualm ...

KARDINAL.
  Ein Ketzer, ein rebellischer Vagant!

CORBACCIO.
  Ein Ketzer, hoher Herr, ein Flagellant.
  Da löst sich einer aus dem Knäul, kniet nieder,
  Und er beginnt mit heisrer Fistelstimme
  Sich einen Hund, ein räudig Tier zu nennen
  Und seine Sünden kreischend zu bekennen.
  Ein andrer naht, ein fetter, alter Mann,
  Hebt keuchend, ohne Laut, zu beten an,
  Schleppt sich von dem zu jenem auf den Knien ..
  Ein dritter wirft sich stöhnend neben ihn,

So daß uns, ob gemein und widerlich,
Ein Schauer vor dem Schauspiel doch beschlich.
(Andrea, auf- und abgehend und zerstreut zuhörend, sieht
Arlette ab und zu forschend an.)

CORBACCIO.

Dann kam ein Weib, das wie gefoltert schrie,
Der Schande sich, des Ehebruches zieh ..
Es schlug der Taumel immer höh're Wogen,
Eins wird vom andern sinnlos mitgezogen,
Und immer mehre wurden, die bekannten,
Und ihre heimlich tiefste Sünde nannten:
Verzerrte, tolle, plumpe Ungestalten,
Ein Bacchanal dämonischer Gewalten!

ANDREA *(zu Fantasio, der langsam durch die Mitte gekom-*
men).

Du hast's gesehen und du staunst wie er?
(Das Folgende spricht Fantasio zu Andrea, beide stehen in
der Mitte, Andrea ist sichtlich mit Arlette beschäftigt. Cor-
baccio tritt links zu Arlette und dem Kardinal, scheint seine
Erzählung fortzusetzen: man sieht ihn beichtende und be-
tende Bauern nachahmen.)

FANTASIO.

Gedanken weckt's in mir, erkenntnisschwer.
Mir ist, als hätt' ich Heiliges erlebt.
Grad wie wenn Worte, die wir täglich sprechen,
In unsre Seele plötzlich leuchtend brechen,
Wenn sich von ihnen das Gemeine hebt
Und uns ihr Sinn lebendig, ganz erwacht!
(Er fühlt, daß Andrea ihm kaum zuhört, und hält inne.)

ANDREA.

Sprich fort.

FANTASIO.   Um uns ist immer halbe Nacht.
Wir wandeln stets auf Perlen, staubbedeckt,
Bis ihren Glanz des Zufalls Strahl erweckt.

Die meisten sind durchs Leben hingegangen,
Ein blutleer Volk von Gegenwartsverächtern,
Gespenstisch wandelnd zwischen den Geschlechtern
Durch aller Farben glühend starkes Prangen,
Durch aller Stürme heilig großes Grauen,
In taubem Hören und in blindem Schauen,
In einem Leben ohne Sinn verloren:
Und selten nahet, was sie Gnade nennen,
Das heilige, das wirkliche Erkennen,
Das wir erstreben als die höchste Gunst
Des großen Wissens und der großen Kunst.
Denn ihnen ist die Heiligkeit und Reinheit
Das gleiche Heil, das uns die Lebenseinheit.

MOSCA *(zur Tür hineinrufend).*
O kommt, Madonna, schnell, sie ziehn vorbei
Am Gartengitter, eilig kommt und seht.

KARDINAL *(auf Corbaccio gestützt).*
So komm, Arlette!

ANDREA *(auf einen fragenden Blick Arlettes).*
Geht, ich folge, geht!

Neunte Szene

Andrea, Fantasio.

*Arlette, Kardinal, Mosca, Corbaccio und die Übrigen, auf der
Terrasse sichtbar.*

ANDREA *(da Fantasio sich zum Garten wendet, stockend).*
Fantasio, bleib, mein Freund: du sollst mir sagen,
Getreu, was ich versuchen will zu fragen.
Du sagst, du hast's in deiner Kunst erlebt,
(Langsam, suchend.)

Daß manchmal Worte, die wir täglich sprechen,
In unsre Seele plötzlich leuchtend brechen,
Daß sich von ihnen das Gemeine hebt
Und daß ihr Sinn lebendig, ganz erwacht?

FANTASIO.

Das ist. Doch steht es nicht in unsrer Macht.

ANDREA *(wie oben)*.

Das mein ich nicht. Doch kann es nicht geschehen,
Daß wir auf einmal neu das Alte sehen?
Und kann's nicht sein, daß, wie ein altklug Kind,
Wir sehend doch nicht sehen, was wir sind,
Mit anempfundener Enttäuschung prahlen
Und spät, erst spät mit wahren Leiden zahlen!

FANTASIO.

Auch dies, denn was wir so Erfahrung nennen,
Ist meist, was wir an anderen erkennen.

ANDREA.

So darf man sich dem Zufall anvertrau'n,
Dem blitzesgleichen, plötzlichen Durchschau'n?

FANTASIO.

Wir sollen uns dem Zufall überlassen,
Weil wir ja doch die Gründe nie erfassen!
Und weil ja Zufall, was uns nützt und nährt, ist,
Und Zufall, Zufall all, was uns gewährt ist!

ANDREA *(halblaut)*.

O Blitz, der sie mir jetzt wie damals zeigte
Im Boot .. im Sturm .. gelehnt an seine Brust,
Und jetzt die Stirn .. die wissende, geneigte ..
Was ist bewußt, und was ist unbewußt?
Sein selbst bewußt ist nur der Augenblick,
Und vorwärts reicht kein Wissen, noch zurück!
Und jeder ist des Augenblickes Knecht,
Und nur das Jetzt, das Heut, das Hier hat Recht!
Das gilt für mich .. nicht minder gilt's für sie,
Und seltsam, daran, glaub ich, dacht' ich nie ..

(Pause.)
Kannst du denn nicht erraten, was mich quält?

FANTASIO *(schonend, aber wissend).*

Ein Glaubenwollen, wo der Glaube fehlt:
Dich fesselt noch ein trügerisches Grauen.
Wir wollen nicht das Abgestorbne schauen:
Was hold vertraut uns lieblich lang umgab,
Ob nicht mehr unser, neiden wir's dem Grab.

ANDREA.

Was hold vertraut uns lieblich lang umgab ..
Das ist Gewohnheit, und so ist's auch Lüge,
Die lieblich fälscht die hold vertrauten Züge.
Dies ist die Formel, für was ich empfinde:
Ein Aug, entblößt von weich gewohnter Binde,
Dem grell die Wirklichkeit entgegenblinkt,
Das Heute kahl, das Gestern ungeschminkt!
Ein hüllenloses Sein, den Schmerzen offen,
Vom Licht gequält, von jedem Laut getroffen!
O kämen bald, erquickend im Gedränge,
Die starken Stimmungen der Übergänge!
(Nervös schmerzlich.)
Wir sollten dann den andern nicht mehr sehn,
Nicht fühlen müssen, daß er ruhig lebt ..
Wenn in uns selbst Gefühle sterben gehn
Und unsre Seele zart und schmerzlich bebt ...
Wir können dann die Stimme nicht mehr hören,
Ein Lächeln kann uns qualvoll tief verstören.
Und nur das Ende, nur das schnelle Ende
Erstickt die Qualen einer solchen Wende!

ARLETTE *(in der Tür, dann ganz eintretend).*

Wenn du zu uns nicht, so komm ich herein.

ANDREA.

Fantasio, verzeih, laß uns allein.
(Er winkt Arlette, sich zu setzen.)

Zehnte Szene

Andrea, Arlette.

Er geht langsam auf und ab. Endlich bleibt er vor ihr stehen. Er
spricht leise, mit zurückgedrängter Heftigkeit.

ANDREA.
Ich weiß, Arlette, daß du mich betrügst,
Betrügst wie eine Dirne, feig, unsäglich.
Beinahe lächerlich und fast doch kläglich!
(Pause.)
Was hier geschah, alltäglich und gemein,
Dem will ich ja sein reiz- und farblos Sein,
Sein unbegreiflich Schales gerne gönnen ..
Verstehen nur, verstehen möcht' ich's können.
(Pause. – Gemacht verächtlich.)
Du bist nicht schuld daran, wenn ich jetzt leide,
Nicht schuld an diesem ganzen blöden Wahn ..
Es ist kein Grund, daß ich dich zürnend meide ..
Du konntest, du hast mir nicht weh getan!
(Nach einer Pause mit steigender Heftigkeit.)
Verbergen brauchst du's nicht und nicht beklagen,
Nur sagen sollst du mir .. ganz .. alles sagen:
Nur eines, fürcht ich, werd ich nie verstehen:
Warum du d e n, warum gerade d e n ...

ARLETTE.
So hör doch auf, ich will ja alles sagen.

ANDREA *(zurücktretend).*
Schweig noch! Mich dünkt, ich werd es nicht ertragen.
Mich dünkt, ich darf dich jetzt nicht reden hören.
In mir ist's klar. Das darf man nicht verstören.
Ich müßte nach dir schlagen, müßte schrei'n,
Verführt vom Blut, verblendet .. nein, nein! nein!
Das wäre Fälschung, Lüge, Selbstbetrug
An meinem Fühlen, kalt und klar und klug.

(Pause. – Boshaft und schmerzlich.)
Doch hat mein Denken erst sich vollgesogen
Mit diesem Wissen, wie du mich betrogen,
Dann wird sich mir dein Wesen neu erschließen,
Verschönt, zu süßem, schmerzlichem Genießen.
Und was mich heute quält wie dumpfe Pein,
Wird eine Wonne der Erinnrung sein.
Die tausend Stunden, da ich nichts empfand,
Wenn mich dein Arm betrügerisch umwand,
Ich werde sie durchbebt zu haben wähnen,
Verklärt durch wissende, durch Mitleidstränen.
Jetzt sprich: denn es durchweht mich ein Erkennen,
Wie grenzenlose Weiten Menschen trennen!
Wie furchtbar einsam unsre Seelen denken:
Sprich; was du sagen kannst, kann mich nicht kränken.
Sag, wann's zum erstenmal und wie es kam,
Ob du dich ihm verschenktest, er dich nahm.

ARLETTE.
Zum erstenmal? Es gibt kein zweites Mal.
Nur gestern ...

ANDREA *(fast schreiend).*
                    Gestern?!

ARLETTE *(macht sich los).*   Laß mich!

ANDREA.   Sprich!

ARLETTE.   Ich weiß
Ja selbst nicht. Hör doch auf, mich so zu quälen
Und schick mich fort von dir.

ANDREA.   Du sollst erzählen!

ARLETTE.
Was hat dich jetzt von neuem so verstört ..
Ich fürchte mich.

ANDREA *(halblaut).*   O wie mich das empört.
Dies Gestern! dessen Atem ich noch fühle
Mit seines Abends feuchter, weicher Schwüle.

(Sehr heftig, über sie gebeugt.)
Da war's. Da! wie ich fort war. Da, sag ja!
In blauem Dufte lag der Garten da . .
Die Fliederdolden leuchteten und bebten . .
Der Brunnen rauschte und die Falter schwebten . . .

ARLETTE *(suchend).*
So war's, allein . . der Garten . . und das Haus,
Das war so anders . . sah so anders aus.

ANDREA.
Am Himmel war ein Drängen und ein Ziehn,
Des Abends Atem wühlte im Jasmin,
Und ließ verträumte Blüten niederwehn.

ARLETTE.
Das alles war's. Doch kann ich's nicht verstehn.
Es scheint so fremd, so unbegreiflich weit.
Ja, was du sagst, das war, doch nicht allein.
Es muß ja mehr, viel mehr gewesen sein.
Ein Etwas, das ich heute nimmer finde,
Ein Zauber, den ich heute nicht ergründe.
Je mehr du fragst, es wird nur trüb und trüber,
Ein Abgrund scheint von gestern mich zu trennen,
Und fremd steh ich mir selber gegenüber . . –
(Das Gesicht bedeckend.)
Und, was ich nicht versteh, heiß mich nicht nennen!
Vergib, vergiß dies Gestern, laß mich bleiben,
Laß Nächte darübergleiten, Tage treiben . . .

ANDREA *(ruhig ernst).*
Dies Gestern ist so eins mit deinem Sein,
Du kannst es nicht verwischen, nicht vergessen:
Es i s t, so lang wir wissen, daß es w a r.
In meine Arme müßt' ich's täglich pressen,
Im Dufte saug ich's ein aus deinem Haar!
Und heute – gestern ist ein leeres Wort.
Was einmal war, das lebt auch ewig fort.

(Pause.)
(Mit erkünstelter Ruhe.)
Wir werden ruhig auseinander gehn
Und ruhig etwa auch uns wiedersehn.
Und daß du mich betrogen und mein Lieben,
Davon ist kaum ein Schmerz zurückgeblieben . .
Doch eines werd ich niemals dir verzeihn:
Daß du zerstört den warmen, lichten Schein,
Der für mich lag auf der entschwundnen Zeit.
(Ausbrechend.)
Und daß du die dem Ekel hast geweiht!
*(Er winkt ihr, zu gehen. Sie geht langsam durch die Türe
rechts ab. Er blickt ihr lange nach. Seine Stimme bebt und
kämpft mit aufquellenden Tränen.)*
Ich kann so gut verstehen die ungetreuen Frauen . .
So gut, mir ist, als könnt' ich in ihre Seelen schauen.
Ich seh in ihren Augen die Lust, sich aufzugeben,
Im Niegenossenen, Verbotenen zu beben . .
Die Lust am Spiel, die Lust, sich selber einzusetzen,
Die Lust am Sieg und Rausch, am Trügen und
                                    Verletzen . .
Ich seh ihr Lächeln und
(stockend)   die törichten, die Tränen,
Das rätselhafte Suchen, das ruhelose Sehnen . .
Ich fühle, wie sie's drängt zu törichten Entschlüssen,
Wie sie die Augen schließen und wie sie quälen müssen,
Wie sie ein jedes Gestern für jedes Heut begraben,
Und wie sie nicht verstehen, wenn sie getötet haben.
        (Tränen ersticken seine Stimme.)

        Der Vorhang fällt.

Der Tod des Tizian

Dramatis personae

DER PROLOG, ein Page

FILIPPO POMPONIO VECELLIO, genannt Tizianello,
  des Meisters Sohn

GIOCONDO

DESIDERIO

GIANINO (er ist 16 Jahre alt und sehr schön)

BATISTA

ANTONIO

PARIS

LAVINIA, eine Tochter des Meisters

CASSANDRA

LISA

*Spielt im Jahre 1576, da Tizian neunundneunzig-
jährig starb.*

*Die Szene ist auf der Terrasse von Tizians Villa,
nahe bei Venedig.*

PROLOG.

*(Der Prolog, ein Page, tritt zwischen dem Vorhang hervor,
grüßt artig, setzt sich auf die Rampe und läßt die Beine – er
trägt rosa Seidenstrümpfe und mattgelbe Schuhe – ins Orche-
ster hängen.)*
Das Stück, ihr klugen Herrn und hübschen Damen,
Das sie heut abend vor euch spielen wollen,
Hab ich gelesen.
Mein Freund, der Dichter, hat mir's selbst gegeben.

Ich stieg einmal die große Treppe nieder
In unserm Schloß, da hängen alte Bilder
Mit schönen Wappen, klingenden Devisen,
Bei denen mir so viel Gedanken kommen
Und eine Trunkenheit von fremden Dingen,
Daß mir zuweilen ist, als müßt ich weinen ...

Da blieb ich stehn bei des Infanten Bild –
Er ist sehr jung und blaß und früh verstorben ...
Ich seh ihm ähnlich – sagen sie – und drum
Lieb ich ihn auch und bleib dort immer stehn
Und ziehe meinen Dolch und seh ihn an
Und lächle trüb: denn so ist er gemalt:
Traurig und lächelnd und mit einem Dolch ...
Und wenn es ringsum still und dämmrig ist,
So träum ich dann, ich wäre der Infant,
Der längst verstorbne traurige Infant ...

Da schreckt mich auf ein leises, leichtes Gehen,
Und aus dem Erker tritt mein Freund, der Dichter.
Und küßt mich seltsam lächelnd auf die Stirn
Und sagt, und beinah ernst ist seine Stimme:

»Schauspieler deiner selbstgeschaffnen Träume,
Ich weiß, mein Freund, daß sie dich Lügner nennen
Und dich verachten, die dich nicht verstehn,
Doch ich versteh dich, o mein Zwillingsbruder«.
Und seltsam lächelnd ging er leise fort,
Und später hat er mir sein Stück geschenkt.

Mir hat's gefallen, zwar ist's nicht so hübsch
Wie Lieder, die das Volk im Sommer singt,
Wie hübsche Frauen, wie ein Kind, das lacht,
Und wie Jasmin in einer Delfter Vase ...
Doch mir gefällt's, weil's ähnlich ist wie ich:
Vom jungen Ahnen hat es seine Farben
Und hat den Schmelz der ungelebten Dinge;
Altkluger Weisheit voll und frühen Zweifels,
Mit einer großen Sehnsucht doch, die fragt.

Wie man zuweilen beim Vorübergehen
Von einem Köpfchen das Profil erhascht, –
Sie lehnt kokett verborgen in der Sänfte,
Man kennt sie nicht, man hat sie kaum gesehen
(Wer weiß, man hätte sie vielleicht geliebt,
Wer weiß, man kennt sie nicht und liebt sie noch) –
Inzwischen malt man sich in hellen Träumen
Die Sänfte aus, die hübsche weiße Sänfte,
Und drinnen duftig zwischen rosa Seide
Das blonde Köpfchen, kaum im Flug gesehn,
Vielleicht ganz falsch, was tut's ... die Seele will's ...
So, dünkt mich, ist das Leben hier gemalt
Mit unerfahrnen Farben des Verlangens
Und stillem Durst, der sich in Träumen wiegt.

*(Spätsommermittag. Auf Polstern und Teppichen lagern auf
den Stufen, die rings zur Rampe führen, Desiderio, Antonio,
Batista und Paris. Alle schweigen, der Wind bewegt leise den*

Vorhang der Tür. Tizianello und Gianino kommen nach ei-
ner Weile aus der Tür rechts. Desiderio, Antonio, Batista und
Paris treten ihnen besorgt und fragend entgegen und drängen
sich an sie. Nach einer kleinen Pause.)

PARIS.
   Nicht gut?
GIANINO *(mit erstickter Stimme).*
               Sehr schlecht.
(Zu Tizianello, der in Tränen ausbricht.)
                           Mein armer lieber Pippo!
BATISTA.
   Er schläft?
GIANINO.
   Nein, er ist wach und phantasiert
   Und hat die Staffelei begehrt.
ANTONIO.   Allein
   Man darf sie ihm nicht geben, nicht wahr, nein?
GIANINO.
   Ja, sagt der Arzt, wir sollen ihn nicht quälen
   Und geben, was er will, in seine Hände.
TIZIANELLO *(ausbrechend).*
   Heut oder morgen ist's ja doch zu Ende.
GIANINO.
   Er darf uns länger, sagt er, nicht verhehlen ...
PARIS.
   Nein, sterben, sterben kann der Meister nicht!
   Da lügt der Arzt, er weiß nicht, was er spricht.
DESIDERIO.
   Der Tizian sterben, der das Leben schafft!
   Wer hätte dann zum Leben Recht und Kraft?
BATISTA.
   Doch weiß er selbst nicht, wie es um ihn steht?
TIZIANELLO.
   Im Fieber malt er an dem neuen Bild,
   In atemloser Hast, unheimlich wild;

Die Mädchen sind bei ihm und müssen stehn,
Uns aber hieß er aus dem Zimmer gehn.

ANTONIO.

Kann er denn malen? Hat er denn die Kraft?

TIZIANELLO.

Mit einer rätselhaften Leidenschaft,
Die ich beim Malen nie an ihm gekannt,
Von einem martervollen Zwang gebannt –

(Ein Page kommt aus der Tür rechts, hinter ihm Diener, alle erschrecken.)

TIZIANELLO, GIANINO, PARIS.

Was ist?

PAGE.

Nichts, nichts, der Meister hat befohlen,
Daß wir vom Gartensaal die Bilder holen.

TIZIANELLO.

Was will er denn?

PAGE.   Er sagt, er muß sie sehen . . .

»Die alten, die erbärmlichen, die bleichen,
Mit seinem neuen, das er malt, vergleichen . . .
Sehr schwere Dinge seien ihm jetzt klar,
Es komme ihm ein unerhört Verstehen,
Daß er bis jetzt ein matter Stümper war . . .«
Soll man ihm folgen?

TIZIANELLO.   Gehet, gehet, eilt!

Ihn martert jeder Pulsschlag, den ihr weilt.

(Die Diener sind indessen über die Bühne gegangen, an der Treppe holt sie der Page ein. Tizianello geht auf den Fußspitzen, leise den Vorhang aufhebend, hinein, die andern gehen unruhig auf und nieder.)

ANTONIO *(halblaut).*

Wie fürchterlich, dies Letzte, wie unsäglich . . .
Der Göttliche, der Meister, lallend, kläglich . . .

GIANINO.
  Er sprach schon früher, was ich nicht verstand,
  Gebietend ausgestreckt die blasse Hand . . .
  Dann sah er uns mit großen Augen an
  Und schrie laut auf: »Es lebt der große Pan«.
  Und vieles mehr, mir war's, als ob er strebte,
  Das schwindende Vermögen zu gestalten,
  Mit überstarken Formeln festzuhalten,
  Sich selber zu beweisen, daß er lebte,
  Mit starkem Wort, indes die Stimme bebte.

TIZIANELLO *(zurückkommend)*.
  Jetzt ist er wieder ruhig, und es strahlt
  Aus seiner Blässe, und er malt und malt.
  In seinen Augen ist ein guter Schimmer.
  Und mit den Mädchen plaudert er wie immer.

ANTONIO.
  So legen wir uns auf die Stufen nieder.
  Und hoffen bis zum nächsten Schlimmern wieder.
  (Sie lagern sich auf den Stufen. Tizianello spielt mit Gianinos
  Haar, die Augen halb geschlossen.)

BATISTA *(halb für sich)*.
  Das Schlimmre . . . dann das Schlimmste endlich . . . nein.
  Das Schlimmste kommt, wenn gar nichts Schlimmres
                                        mehr,
  Das tote, taube, dürre Weitersein . . .
  Heut ist es noch, als ob's undenkbar wär . . .
  Und wird doch morgen sein.
  (Pause.)

GIANINO.   Ich bin so müd.

PARIS.
  Das macht die Luft, die schwüle, und der Süd.

TIZIANELLO *(lächelnd)*.
  Der Arme hat die ganze Nacht gewacht!

GIANINO *(auf den Arm gestützt).*
  Ja, du ... die erste, die ich ganz durchwacht.
  Doch woher weißt denn du's?
TIZIANELLO.   Ich fühlt es ja,
  Erst war dein stilles Atmen meinem nah,
  Dann standst du auf und saßest auf den Stufen ...
GIANINO.
  Mir war, als ginge durch die blaue Nacht,
  Die atmende, ein rätselhaftes Rufen.
  Und nirgends war ein Schlaf in der Natur.
  Mit Atemholen tief und feuchten Lippen,
  So lag sie horchend in das große Dunkel
  Und lauschte auf geheimer Dinge Spur.
  Und sickernd, rieselnd kam das Sterngefunkel
  Hernieder auf die weiche wache Flur.
  Und alle Früchte, schweren Blutes, schwollen
  Im gelben Mond und seinem Glanz, dem vollen,
  Und alle Brunnen glänzten seinem Ziehn.
  Und es erwachten schwere Harmonien.
  Und wo die Wolkenschatten hastig glitten,
  War wie ein Laut von weichen nackten Tritten ...
  Leis stand ich auf – ich war an dich geschmiegt –
  (er steht erzählend auf, zu Tizianello geneigt)
  Da schwebte durch die Nacht ein süßes Tönen,
  Als hörte man die Flöte leise stöhnen,
  Die in der Hand aus Marmor sinnend wiegt
  Der Faun, der da im schwarzen Lorbeer steht
  Gleich nebenan, beim Nachtviolenbeet.
  Ich sah ihn stehen still und marmorn leuchten;
  Und um ihn her im silbrig blauen Feuchten,
  Wo sich die offenen Granaten wiegen,
  Da sah ich deutlich viele Bienen fliegen,
  Und viele saugen, auf das Rot gesunken,
  Von nächt'gem Duft und reifem Safte trunken.

Und wie des Dunkels leiser Atemzug
Den Duft des Gartens um die Stirn mir trug,
Da schien es mir wie das Vorüberschweifen
Von einem weichen, wogenden Gewand
Und die Berührung einer warmen Hand.
In weißen, seidig weißen Mondesstreifen
War liebestoller Mücken dichter Tanz,
Und auf dem Teiche lag ein weicher Glanz
Und plätscherte und blinkte auf und nieder.
Ich weiß es heut nicht, ob's die Schwäne waren,
Ob badender Najaden weiße Glieder,
Und wie ein süßer Duft von Frauenhaaren
Vermischte sich dem Duft der Aloe ...
Und was da war, ist in mir in eins verflossen:
In eine überstarke schwere Pracht,
Die Sinne stumm und Worte sinnlos macht.

ANTONIO.
  Beneidenswerter, der das noch erlebt
  Und solche Dinge in das Dunkel webt!

GIANINO.
  Ich war in halbem Traum bis dort gegangen,
  Wo man die Stadt sieht, wie sie drunten ruht,
  Sich flüsternd schmieget in das Kleid von Prangen,
  Das Mond um ihren Schlaf gemacht und Flut.
  Ihr Lispeln weht manchmal der Nachtwind her,
  So geisterhaft, verlöschend leisen Klang.
  Beklemmend seltsam und verlockend bang.
  Ich hört es oft, doch niemals dacht ich mehr ...
  Da aber hab ich plötzlich viel gefühlt:
  Ich ahnt, in ihrem steinern stillen Schweigen
  Vom blauen Strom der Nacht emporgespült
  Des roten Bluts bacchantisch wilden Reigen,
  Um ihre Dächer sah ich Phosphor glimmen,
  Den Widerschein geheimer Dinge schwimmen.

Und schwindelnd überkam's mich auf einmal:
Wohl schlief die Stadt: es wacht der Rausch, die Qual,
Der Haß, der Geist, das Blut: das Leben wacht.
Das Leben, das lebendige, allmächtge –
Man kann es haben und doch sein vergessen! ...
(Er hält einen Augenblick inne.)
Und alles das hat mich so müd gemacht:
Es war soviel in dieser einen Nacht.

DESIDERIO *(an der Rampe, zu Gianino).*
Siehst du die Stadt, wie jetzt sie drunten ruht?
Gehüllt in Duft und goldne Abendglut
Und rosig helles Gelb und helles Grau,
Zu ihren Füssen schwarzer Schatten Blau,
In Schönheit lockend, feuchtverklärter Reinheit?
Allein in diesem Duft, dem ahnungsvollen,
Da wohnt die Häßlichkeit und die Gemeinheit,
Und bei den Tieren wohnen dort die Tollen;
Und was die Ferne weise dir verhüllt,
Ist ekelhaft und trüb und schal erfüllt
Von Wesen, die die Schönheit nicht erkennen
Und ihre Welt mit unsern Worten nennen ...
Denn unsre Wonne oder unsre Pein
Hat mit der ihren nur das Wort gemein ...
Und liegen wir in tiefem Schlaf befangen,
So gleicht der unsre ihrem Schlafe nicht:
Da schlafen Purpurblüten, goldne Schlangen,
Da schläft ein Berg, in dem Titanen hämmern –
Sie aber schlafen, wie die Austern dämmern.

ANTONIO *(halb aufgerichtet).*
Darum umgeben Gitter, hohe, schlanke,
Den Garten, den der Meister ließ erbauen,
Darum durch üppig blumendes Geranke
Soll man das Außen ahnen mehr als schauen.

PARIS *(ebenso).*
Das ist die Lehre der verschlungnen Gänge.

BATISTA *(ebenso).*

  Das ist die große Kunst des Hintergrundes
  Und das Geheimnis zweifelhafter Lichter.

TIZIANELLO *(mit geschlossenen Augen.)*

  Das macht so schön die halbverwehten Klänge,
  So schön die dunklen Worte toter Dichter
  Und alle Dinge, denen wir entsagen.

PARIS.

  Das ist der Zauber auf versunknen Tagen
  Und ist der Quell des grenzenlosen Schönen,
  Denn wir ersticken, wo wir uns gewöhnen.

  (Alle verstummen. Pause. Tizianello weint leise vor sich hin.)

GIANINO *(schmeichelnd).*

  Du darfst dich nicht so trostlos drein versenken,
  Nicht unaufhörlich an das Eine denken.

TIZIANELLO *(traurig lächelnd).*

  Als ob der Schmerz denn etwas andres wär
  Als dieses ewige Dran-denken-müssen,
  Bis es am Ende farblos wird und leer . . .
  So laß mich nur in den Gedanken wühlen,
  Denn von den Leiden und von den Genüssen
  Hab längst ich abgestreift das bunte Kleid,
  Das um sie webt die Unbefangenheit,
  Und einfach hab ich schon verlernt zu fühlen.

  (Pause.)

GIANINO.

  Wo nur Giocondo bleibt?

TIZIANELLO.   Lang vor dem Morgen

  – Ihr schlieft noch – schlich er leise durch die Pforte,
  Auf blasser Stirn den Kuß der Liebessorgen
  Und auf den Lippen eifersüchtge Worte . . .

  *(Pagen tragen zwei Bilder über die Bühne – die Venus mit
  den Blumen und das große Bacchanal – die Schüler erheben
  sich und stehen, solange die Bilder vorübergetragen werden,*

mit gesenktem Kopf, das Barett in der Hand. Nach einer
Pause – alle stehen.)

DESIDERIO.

Wer lebt nach ihm, ein Künstler und Lebendger,
Im Geiste herrlich und der Dinge Bändger
Und in der Einfalt weise wie das Kind?

ANTONIO.

Wer ist, der seiner Weihe freudig traut?

BATISTA.

Wer ist, dem nicht vor seinem Wissen graut?

PARIS.

Wer will uns sagen, ob wir Künstler sind?

GIANINO.

Er hat den regungslosen Wald belebt:
Und wo die braunen Weiher murmelnd liegen
Und Efeuranken sich an Buchen schmiegen,
Da hat er Götter in das Nichts gewebt:
Den Satyr, der die Syrinx tönend hebt,
Bis alle Dinge in Verlangen schwellen
Und Hirten sich den Hirtinnen gesellen …

BATISTA.

Er hat den Wolken, die vorüberschweben,
Den wesenlosen, einen Sinn gegeben:
Der blassen weißen schleierhaftes Dehnen
Gedeutet in ein blasses süßes Sehnen;
Der mächtgen goldumrandet schwarzes Wallen
Und runde graue, die sich lachend ballen,
Und rosig silberne, die abends ziehn:
Sie haben Seele, haben Sinn durch ihn.
Er hat aus Klippen, nackten, fahlen, bleichen,
Aus grüner Wogen brandend weißem Schäumen,
Aus schwarzer Haine regungslosem Träumen
Und aus der Trauer blitzgetroffner Eichen
Ein Menschliches gemacht, das wir verstehen,
Und uns gelehrt, den Geist der Nacht zu sehen.

PARIS.

Er hat uns aufgeweckt aus halber Nacht
Und unsre Seelen licht und reich gemacht
Und uns gewiesen, jedes Tages Fließen
Und Fluten als ein Schauspiel zu genießen,
Die Schönheit aller Formen zu verstehen
Und unserm eignen Leben zuzusehen.
Die Frauen und die Blumen und die Wellen
Und Seide, Gold und bunter Steine Strahl
Und hohe Brücken und das Frühlingstal
Mit blonden Nymphen an kristallnen Quellen,
Und was ein jeder nur zu träumen liebt
Und was uns wachend Herrliches umgibt:
Hat seine große Schönheit erst empfangen,
Seit es durch seine Seele durchgegangen.

ANTONIO.

Was für die schlanke Schönheit Reigentanz,
Was Fackelschein für bunten Maskenkranz,
Was für die Seele, die im Schlafe liegt,
Musik, die wogend sie in Rhythmen wiegt,
Und was der Spiegel für die junge Frau
Und für die Blüten Sonne, licht und lau:
Ein Auge, ein harmonisch Element,
In dem die Schönheit erst sich selbst erkennt –
Das fand Natur in seines Wesens Strahl.
»Erweck uns, mach aus uns ein Bacchanal!«
Rief alles Lebende, das ihn ersehnte,
Und seinem Blick sich stumm entgegendehnte.
*(Während Antonio spricht, sind die drei Mädchen leise aus
der Tür getreten und zuhörend stehen geblieben; nur Tizia-
nello, der zerstreut und teilnahmslos abseits rechts steht,
scheint sie zu bemerken. Lavinia trägt das blonde Haar im
Goldnetz und das reiche Kostüm einer venezianischen Patri-
zierin. Cassandra und Lisa, etwa neunzehn- und siebzehn-*

*jährig, tragen beide ein einfaches kaum stilisiertes Peplum
aus weißem, anschmiegendem, flutendem Byssus; nackte
Arme mit goldenen Schlangenreifen; Sandalen, Gürtel aus
Goldstoff. Cassandra ist aschblond, graziös. Lisa hat eine
gelbe Rosenknospe im schwarzen Haar. Irgendetwas an ihr
erinnert ans Knabenhafte, wie irgendetwas an Gianino ans
Mädchenhafte erinnert. Hinter ihnen tritt ein Page aus der
Tür, der einen getriebenen silbernen Weinkrug und Becher
trägt.)*

GIANINO.

Daß uns die fernen Bäume lieblich sind,
Die träumerischen, dort im Abendwind ...

PARIS.

Und daß wir Schönheit sehen in der Flucht
Der weißen Segel in der blauen Bucht ...

TIZIANELLO *(zu den Mädchen, die er mit einer leichten Verbeu-
gung begrüßt hat; alle andern drehen sich um).*

Und daß wir eures Haares Duft und Schein
Und eurer Formen mattes Elfenbein
Und goldne Gürtel, die euch reich umwinden,
So wie Musik und wie ein Glück empfinden –
Das macht: Er lehrte uns die Dinge sehen ...
(bitter)

Und das wird man da drunten nie verstehen!

GIANINO *(zu den Mädchen).*

Ist er allein? Soll niemand zu ihm gehen?

LAVINIA.

Bleibt alle hier. Er will jetzt niemand sehen.

DESIDERIO.

Vom Schaffen beben ihm der Seele Saiten,
Und jeder Laut beleidigt die geweihten!

TIZIANELLO.

O käm ihm jetzt der Tod, mit sanftem Neigen,
In dieser schönen Trunkenheit, im Schweigen!

PARIS.

Allein das Bild? <u>Vollendet er das Bild?</u>

ANTONIO.

Was wird es werden?

BATISTA.   <u>Kann man es erkennen?</u> *Sie nicht*

LAVINIA.

Wir werden ihnen unsre Haltung nennen.
Ich bin die Göttin Venus, diese war
So schön, daß ihre Schönheit trunken machte.

CASSANDRA.

Mich malte er, wie ich verstohlen lachte,
Von vielen Küssen feucht das offne Haar.

LISA.

Ich halte eine Puppe in den Händen,
Die ganz verhüllt ist und verschleiert ganz,
Und sehe sie mir scheu verlangend an:
Denn diese Puppe ist der große Pan,
Ein Gott,
Der das <u>Geheimnis ist von allem Leben.</u>
<u>Den halt ich in den Armen wie ein Kind.</u>
Doch ringsum <u>fühl ich rätselhaftes Weben,</u>
Und mich <u>verwirrt</u> der laue Abendwind.

LAVINIA.

<u>Mich spiegelt still und wonnevoll der Teich.</u>

CASSANDRA.

Mir küßt den Fuß der Rasen kühl und weich.

LISA.

Schwergolden glüht die Sonne, die sich wendet:
Das ist das Bild und morgen ist's vollendet.

LAVINIA.

Indes er so dem <u>Leben Leben gab.</u>
<u>Sprach er mit Ruhe viel von seinem Grab.</u>
Im bläulich bebenden schwarzgrünen Hain
Am weißen Strand will er begraben sein:

Wo dichtverschlungen viele Pflanzen stehen,
Gedankenlos im Werden und Vergehen,
Und alle Dinge auf sich selbst vergessen
Und wo am Meere, das sich träumend regt,
Der leise Puls des stummen Lebens schlägt.

PARIS.

Er will im Unbewußten untersinken,
Und wir, wir sollen seine Seele trinken
In des lebendgen Lebens lichtem Wein,
Und wo wir Schönheit sehen, wird Er sein!

DESIDERIO.

Er aber hat die Schönheit stets gesehen,
Und jeder Augenblick war ihm Erfüllung,
Indessen wir zu schaffen nicht verstehen
Und hilflos harren müssen der Enthüllung …
Und unsre Gegenwart ist trüb und leer,
Kommt uns die Weihe nicht von außen her.
Ja, hätte der nicht seine Liebessorgen,
Die ihm mit Rot und Schwarz das Heute färben
Und hätte jener nicht den Traum von morgen
Mit leuchtender Erwartung Glück zu werben
Und hätte jeder nicht ein heimlich Bangen
Vor irgendetwas und ein still Verlangen
Nach irgendetwas und Erregung viel
Mit innrer Lichter buntem Farbenspiel
Und irgendetwas, was zu kommen säumt,
Wovon die Seele ihm phantastisch träumt,
Und irgendetwas, das zu Ende geht,
Wovon ein Schmerz verklärend ihn durchweht,
So lebten wir in Dämmerung dahin
Und unser Leben hätte keinen Sinn …

Die aber wie der Meister sind, die gehen,
Und Schönheit wird und Sinn, wohin sie sehen.

– – – – – – – – – – – – – – – – – –

Der Tor und der Tod

DER TOD
CLAUDIO, ein Edelmann
SEIN KAMMERDIENER
CLAUDIOS MUTTER
EINE GELIEBTE DES CLAUDIO ⎫ TOTE
EIN JUGENDFREUND ⎭

Claudios Haus.

*Kostüm der zwanziger Jahre des
vorigen Jahrhunderts.*

Studierzimmer des Claudio, im Empiregeschmack. Im Hinter-
grund links und rechts große Fenster, in der Mitte eine Glastüre
auf den Balkon hinaus, von dem eine hängende Holztreppe in
den Garten führt. Links eine weiße Flügeltür, rechts eine gleiche
nach dem Schlafzimmer, mit einem grünen Samtvorhang ge-
schlossen. Am Fenster links steht ein Schreibtisch, davor ein
Lehnstuhl. An den Pfeilern Glaskasten mit Altertümern. An der
Wand rechts eine gotische, dunkle, geschnitzte Truhe; darüber
altertümliche Musikinstrumente. Ein fast schwarz gedunkeltes
Bild eines italienischen Meisters. Der Grundton der Tapete licht,
fast weiß, mit Stukkatur und Gold.

CLAUDIO *(allein. – Er sitzt am Fenster. Abendsonne).*
    Die letzten Berge liegen nun im Glanz,
    In feuchtem Schmelz durchsonnter Luft gewandet.
    Es schwebt ein Alabasterwolkenkranz
    Zuhöchst, mit grauen Schatten, goldumrandet:
    So malen Meister von den frühen Tagen
    Die Wolken, welche die Madonna tragen.
    Am Abhang liegen blaue Wolkenschatten,
    Der Bergesschatten füllt das weite Tal
    Und dämpft zu grauem Grün den Glanz der Matten;
    Der Gipfel glänzt im vollen letzten Strahl.
    Wie nah sind meiner Sehnsucht die gerückt,
    Die dort auf weiten Halden einsam wohnen
    Und denen Güter, mit der Hand gepflückt,
    Die gute Mattigkeit der Glieder lohnen.
    Der wundervolle, wilde Morgenwind,
    Der nackten Fußes läuft im Heidenduft,
    Der weckt sie auf; die wilden Bienen sind
    Um sie und Gottes helle, heiße Luft.

Es gab Natur sich ihnen zum Geschäfte,
In allen ihren Wünschen quillt Natur,
Im Wechselspiel der frisch und müden Kräfte
Wird ihnen jedes warmen Glückes Spur.
Jetzt rückt der goldne Ball, und er versinkt
In fernster Meere grünlichem Kristall;
Das letzte Licht durch ferne Bäume blinkt,
Jetzt atmet roter Rauch, ein Glutenwall
Den Strand erfüllend, wo die Städte liegen,
Die mit Najadenarmen, flutenttaucht,
In hohen Schiffen ihre Kinder wiegen,
Ein Volk, verwegen, listig und erlaucht.
Sie gleiten über ferne, wunderschwere,
Verschwiegne Flut, die nie ein Kiel geteilt,
Es regt die Brust der Zorn der wilden Meere,
Da wird sie jedem Wahn und Weh geheilt.
So seh ich Sinn und Segen fern gebreitet
Und starre voller Sehnsucht stets hinüber,
Doch wie mein Blick dem Nahen näher gleitet,
Wird alles öd, verletzender und trüber;
Es scheint mein ganzes so versäumtes Leben
Verlorne Lust und nie geweinte Tränen
Um diese Gassen, dieses Haus zu weben
Und ewig sinnlos Suchen, wirres Sehnen.
(Am Fenster stehend.)
Jetzt zünden sie die Lichter an und haben
In engen Wänden eine dumpfe Welt
Mit allen Rausch- und Tränengaben
Und was noch sonst ein Herz gefangen hält.
Sie sind einander herzlich nah
Und härmen sich um einen, der entfernt;
Und wenn wohl einem Leid geschah,
So trösten sie .. ich habe Trösten nie gelernt.
Sie können sich mit einfachen Worten,

Was nötig zum Weinen und Lachen, sagen,
Müssen nicht an sieben vernagelte Pforten
Mit blutigen Fingern schlagen.

Was weiß denn ich vom Menschenleben?
Bin freilich scheinbar drin gestanden,
Aber ich hab es höchstens verstanden,
Konnte mich nie darein verweben.
Hab mich niemals daran verloren.
Wo andre nehmen, andre geben,
Blieb ich beiseit, im Innern stummgeboren.
Ich hab von allen lieben Lippen
Den wahren Trank des Lebens nie gesogen,
Bin nie von wahrem Schmerz durchschüttert,
Die Straße einsam, schluchzend, nie! gezogen.
Wenn ich von guten Gaben der Natur
Je eine Regung, einen Hauch erfuhr,
So nannte ihn mein überwacher Sinn
Unfähig des Vergessens, grell beim Namen.
Und wie dann tausende Vergleiche kamen,
War das Vertrauen, war das Glück dahin.
Und auch das Leid! zerfasert und zerfressen
Vom Denken, abgeblaßt und ausgelaugt!
Wie wollte ich an meine Brust es pressen,
Wie hätt' ich Wonne aus dem Schmerz gesaugt:
Sein Flügel streifte mich, ich wurde matt,
Und Unbehagen kam an Schmerzes Statt . .
(Aufschreckend.)
Es dunkelt schon. Ich fall in Grübelei.
Ja, ja: Die Zeit hat Kinder mancherlei.
Doch ich bin müd und soll wohl schlafen gehen.
(Der Diener bringt eine Lampe, geht dann wieder.)
Jetzt läßt der Lampe Glanz mich wieder sehen
Die Rumpelkammer voller totem Tand,

Wodurch ich doch mich einzuschleichen wähnte,
Wenn ich den graden Weg auch nimmer fand
In jenes Leben, das ich so ersehnte.
(Vor dem Kruzifix.)
Zu deinen wunden, elfenbeinern' Füßen,
Du Herr am Kreuz, sind etliche gelegen,
Die Flammen niederbetend, jene süßen,
Ins eigne Herz, die wundervoll bewegen,
Und wenn statt Gluten öde Kälte kam,
Vergingen sie in Reue, Angst und Scham.
(Vor einem alten Bild.)
Gioconda, du, aus wundervollem Grund,
Herleuchtend mit dem Glanz durchseelter Glieder,
Dem rätselhaften, süßen, herben Mund,
Dem Prunk der träumeschweren Augenlider:
Gerad so viel verrietest du mir Leben,
Als fragend ich vermocht' dir einzuweben!
(Sich abwendend, vor einer Truhe.)
Ihr Becher, ihr, an deren kühlem Rand
Wohl etlich Lippen selig hingen,
Ihr alten Lauten, ihr, bei deren Klingen
Sich manches Herz die tiefste Rührung fand,
Was gäb' ich, könnt' mich euer Bann erfassen,
Wie wollt' ich mich gefangen finden lassen!
Ihr hölzern, ehern Schilderwerk,
Verwirrend, formenquellend Bilderwerk,
Ihr Kröten, Engel, Greife, Faunen,
Phantast'sche Vögel, goldnes Fruchtgeschlinge,
Berauschende und ängstigende Dinge,
Ihr wart doch all einmal gefühlt,
Gezeugt von zuckenden, lebend'gen Launen,
Vom großen Meer emporgespült,
Und wie den Fisch das Netz, hat euch die Form
                              gefangen!

Umsonst bin ich, umsonst euch nachgegangen,
Von eurem Reize allzu sehr gebunden:
Und wie ich eurer eigensinn'gen Seelen
Jedwede, wie die Masken, durchempfunden,
War mir verschleiert Leben, Herz und Welt,
Ihr hieltet mich, ein Flatterschwarm, umstellt,
Abweidend, unerbittliche Harpyen,
An frischen Quellen jedes frische Blühen ..
Ich hab mich so an Künstliches verloren,
Daß ich die Sonne sah aus toten Augen
Und nicht mehr hörte, als durch tote Ohren:
Stets schleppte ich den rätselhaften Fluch,
Nie ganz bewußt, nie völlig unbewußt,
Mit kleinem Leid und schaler Lust
Mein Leben zu erleben wie ein Buch,
Das man zur Hälft' noch nicht und halb nicht mehr
                                        begreift,
Und hinter dem der Sinn erst nach Lebend'gem
                                        schweift –
Und was mich quälte und was mich erfreute,
Mir war, als ob es nie sich selbst bedeute,
Nein, künft'gen Lebens vorgeliehnen Schein
Und hohles Bild von einem vollern Sein.,
So hab ich mich in Leid und jeder Liebe
Verwirrt mit Schatten nur herumgeschlagen,
Verbraucht, doch nicht genossen alle Triebe,
In dumpfem Traum, es würde endlich tagen.
Ich wandte mich und sah das Leben an:
Darinnen Schnellsein nicht zum Laufen nützt
Und Tapfersein nicht hilft zum Streit; darin
Unheil nicht traurig macht und Glück nicht froh;
Auf Frag' ohn' Sinn folgt Antwort ohne Sinn;
Verworrner Traum entsteigt der dunklen Schwelle,
Und Glück ist alles, Stunde, Wind und Welle!

So schmerzlich klug und so enttäuschten Sinn
In müdem Hochmut liegend, in Entsagen
Tief eingesponnen leb ich ohne Klagen
In diesen Stuben, dieser Stadt dahin.
Die Leute haben sich entwöhnt zu fragen
Und finden, daß ich recht gewöhnlich bin.
*(Der Diener kommt und stellt einen Teller Kirschen auf den
Tisch, dann will er die Balkontüre schließen.)*

CLAUDIO.

Laß noch die Türen offen ... Was erschreckt dich?

DIENER.

Euer Gnaden glauben mir's wohl nicht.
(Halb für sich, mit Angst.)
Jetzt haben sie im Lusthaus sich versteckt.

CLAUDIO.

Wer denn?

DIENER.   Entschuldigen, ich weiß es nicht.
Ein ganzer Schwarm unheimliches Gesindel.

CLAUDIO.

Bettler?

DIENER.   Ich weiß es nicht.

CLAUDIO.   So sperr die Tür,
Die von der Gasse in den Garten, zu,
Und leg dich schlafen und laß mich in Ruh'.

DIENER.

Das eben macht mir solches Grau'n. Ich hab
Die Gartentür verriegelt. Aber ...

CLAUDIO.   Nun?

DIENER.

Jetzt sitzen sie im Garten. Auf der Bank,
Wo der sandsteinerne Apollo steht,
Ein paar im Schatten dort am Brunnenrand,
Und einer hat sich auf die Sphinx gesetzt.
Man sieht ihn nicht, der Taxus steht davor.

CLAUDIO.

Sind's Männer? ·

DIENER.

Einige. Allein auch Frauen.
Nicht bettelhaft, altmodisch nur von Tracht,
Wie Kupferstiche angezogen sind.
Mit einer solchen grauenvollen Art
Still dazusitzen und mit toten Augen
Auf einen wie in leere Luft zu schauen,
Das sind nicht Menschen. Euer Gnaden sei'n
Nicht ungehalten, nur um keinen Preis
Der Welt möcht' ich in ihre Nähe gehen.
So Gott will, sind sie morgen früh verschwunden;
Ich will – mit gnädiger Erlaubnis – jetzt
Die Tür vom Haus verriegeln und das Schloß
Einsprengen mit geweihtem Wasser. Denn
Ich habe solche Menschen nie gesehn,
Und solche Augen haben Menschen nicht.

CLAUDIO.

Tu was du willst, und gute Nacht.
*(Er geht eine Weile nachdenklich auf und nieder. Hinter der
Szene erklingt das sehnsüchtige und ergreifende Spiel einer
Geige, zuerst ferner, allmählich näher, endlich warm und
voll, als wenn es aus dem Nebenzimmer dränge.)*
Musik?
Und seltsam zu der Seele redende!
Hat mich des Menschen Unsinn auch verstört?
Mich dünkt, als hätt' ich solche Töne
Von Menschengeigen nie gehört ..
(Er bleibt horchend gegen die rechte Seite gewandt.)
In tiefen, scheinbar lang ersehnten Schauern
Dringt's allgewaltig auf mich ein;
Es scheint unendliches Bedauern,
Unendlich Hoffen scheint's zu sein,

Als strömte von den alten, stillen Mauern
Mein Leben flutend und verklärt herein.
Wie der Geliebten, wie der Mutter Kommen,
Wie jedes Langverlornen Wiederkehr,
Regt es Gedanken auf, die warmen, frommen,
Und wirft mich in ein jugendliches Meer:
Ein Knabe stand ich so im Frühlingsglänzen
Und meinte aufzuschweben in das All,
Unendlich Sehnen über alle Grenzen
Durchwehte mich in ahnungsvollem Schwall!
Und Wanderzeiten kamen, rauschumfangen,
Da leuchtete manchmal die ganze Welt,
Und Rosen glühten, und die Glocken klangen,
Von fremdem Lichte jubelnd und erhellt:
Wie waren da lebendig alle Dinge
Dem liebenden Erfassen nah gerückt,
Wie fühlt' ich mich beseelt und tief entzückt,
Ein lebend Glied im großen Lebensringe!
Da ahnte ich, durch mein Herz auch geleitet,
Den Liebesstrom, der alle Herzen nährt,
Und ein Genügen hielt mein Ich geweitet,
Das heute kaum mir noch den Traum verklärt.
Tön fort, Musik, noch eine Weile so
Und rühr mein Innres also innig auf:
Leicht wähn ich dann mein Leben warm und froh,
Rücklebend so verzaubert seinen Lauf:
Denn alle süßen Flammen, Loh' an Loh'
Das Starre schmelzend, schlagen jetzt herauf!
Des allzualten, allzuwirren Wissens
Auf diesen Nacken vielgehäufte Last
Vergeht, von diesem Laut des Urgewissens,
Den kindisch-tiefen Tönen angefaßt.
Weither mit großem Glockenläuten
Ankündigt sich ein kaum geahntes Leben,

In Formen, die unendlich viel bedeuten,
Gewaltig-schlicht im Nehmen und im Geben.
(Die Musik verstummt fast plötzlich.)
Da, da verstummt, was mich so tief gerührt,
Worin ich Göttlich-Menschliches gespürt!
Der diese Wunderwelt unwissend hergesandt,
Er hebt wohl jetzt nach Kupfergeld die Kappe,
Ein abendlicher Bettelmusikant.
(Am Fenster rechts.)
Hier unten steht er nicht. Wie sonderbar!
Wo denn? Ich will durchs andre Fenster schau'n ..
(Wie er nach der Türe rechts geht, wird der Vorhang leise zu-
rückgeschlagen, und in der Tür steht der Tod, den Fiedel-
bogen in der Hand, die Geige am Gürtel hängend. Er sieht
Claudio, der entsetzt zurückfährt, ruhig an.)
Wie packt mich sinnlos namenloses Grauen!
Wenn deiner Fiedel Klang so lieblich war,
Was bringt es solchen Krampf, dich anzuschauen?
Und schnürt die Kehle so und sträubt das Haar?
Geh weg! Du bist der Tod. Was willst du hier?
Ich fürchte mich. Geh weg! Ich kann nicht schrei'n.
(Sinkend.)
Der Halt, die Luft des Lebens schwindet mir!
Geh weg! Wer rief dich? Geh! Wer ließ dich ein?

DER TOD.

Steh auf! Wirf dies ererbte Grau'n von dir!
Ich bin nicht schauerlich, bin kein Gerippe!
Aus des Dionysos, der Venus Sippe,
Ein großer Gott der Seele steht vor dir.
Wenn in der lauen Sommerabendfeier
Durch goldne Luft ein Blatt herabgeschwebt,
Hat dich mein Wehen angeschauert,
Das traumhaft um die reifen Dinge webt;
Wenn Überschwellen der Gefühle

Mit warmer Flut die Seele zitternd füllte,
Wenn sich im plötzlichen Durchzucken
Das Ungeheure als verwandt enthüllte,
Und du, hingebend dich im großen Reigen,
Die Welt empfingest als dein eigen:
In jeder wahrhaft großen Stunde,
Die schauern deine Erdenform gemacht,
Hab ich dich angerührt im Seelengrunde
Mit heiliger, geheimnisvoller Macht.

CLAUDIO.

Genug. Ich grüße dich, wenngleich beklommen.
(Kleine Pause.)
Doch wozu bist du eigentlich gekommen?

DER TOD.

Mein Kommen, Freund, hat stets nur einen Sinn!

CLAUDIO.

Bei mir hat's eine Weile noch dahin!
Merk: eh' das Blatt zu Boden schwebt,
Hat es zur Neige seinen Saft gesogen!
Dazu fehlt viel: Ich habe nicht gelebt!

DER TOD.

Bist doch, wie alle, deinen Weg gezogen!

CLAUDIO.

Wie abgerißne Wiesenblumen
Ein dunkles Wasser mit sich reißt,
So glitten mir die jungen Tage,
Und ich hab nie gewußt, daß das schon Leben heißt.
Dann . . stand ich an den Lebensgittern,
Der Wunder bang, von Sehnsucht süß bedrängt,
Daß sie in majestätischen Gewittern
Auffliegen sollten, wundervoll gesprengt.
Es kam nicht so . . und einmal stand ich drinnen,
Der Weihe bar und konnte mich auf mich
Und alle tiefsten Wünsche nicht besinnen,

Von einem Bann befangen, der nicht wich.
Von Dämmerung verwirrt und wie verschüttet,
Verdrießlich und im Innersten zerrüttet,
Mit halbem Herzen, unterbundnen Sinnen
In jedem Ganzen rätselhaft gehemmt,
Fühlt' ich mich niemals recht durchglutet innen,
Von großen Wellen nie so recht geschwemmt,
Bin nie auf meinem Weg dem Gott begegnet,
Mit dem man ringt, bis daß er einen segnet.

DER TOD.

Was allen, ward auch dir gegeben,
Ein Erdenleben, irdisch es zu leben.
Im Innern quillt euch allen treu ein Geist,
Der diesem Chaos toter Sachen
Beziehung einzuhauchen heißt,
Und euren Garten draus zu machen
Für Wirksamkeit, Beglückung und Verdruß.
Weh dir, wenn ich dir das erst sagen muß!
Man bindet und man wird gebunden,
Entfaltung wirken schwül und wilde Stunden;
In Schlaf geweint und müd geplagt
Noch wollend, schwer von Sehnsucht, halbverzagt
Tiefatmend und vom Drang des Lebens warm . .
Doch alle reif, fallt ihr in meinen Arm.

CLAUDIO.

Ich aber bin nicht reif, drum laß mich hier.
Ich will nicht länger töricht jammern,
Ich will mich an die Erdenscholle klammern,
Die tiefste Lebenssehnsucht schreit in mir.
Die höchste Angst zerreißt den alten Bann;
Jetzt fühl ich – laß mich – daß ich leben kann!
Ich fühl's an diesem grenzenlosen Drängen:
Ich kann mein Herz an Erdendinge hängen.
O, du sollst sehn, nicht mehr wie stumme Tiere,

Nicht Puppen werden mir die andern sein!
Zum Herzen reden soll mir all das ihre,
Ich dränge mich in jede Lust und Pein.
Ich will die Treue lernen, die der Halt
Von allem Leben ist ... Ich füg mich so,
Daß Gut und Böse über mich Gewalt
Soll haben und mich machen wild und froh.
Dann werden sich die Schemen mir beleben!
Ich werde Menschen auf den Wege finden,
Nicht länger stumm im Nehmen und im Geben,
Gebunden werden – ja! – und kräftig binden.
(Da er die ungerührte Miene des Todes wahrnimmt, mit stei-
gender Angst.)
Denn schau, glaub mir, das war nicht so bisher:
Du meinst, ich hätte doch geliebt, gehaßt . .
Nein, nie hab ich den Kern davon erfaßt,
Es war ein Tausch von Schein und Worten leer!
Da schau, ich kann dir zeigen: Briefe, sieh,
Er reißt eine Lade auf und entnimmt ihr Pakete geordneter
alter Briefe.)
Mit Schwüren voll und Liebeswort' und Klagen;
Meinst du, ich hätte je gespürt, was die –
Gespürt, was ich als Antwort schien zu sagen?!
(Er wirft ihm die Pakete vor die Füße, daß die einzelnen
Briefe herausfliegen.)
Da hast du dieses ganze Liebesleben,
Daraus nur ich und ich nur widertönte,
Wie ich der Stimmung Auf- und Niederbeben
Mitbebend, jeden heil'gen Halt verhöhnte!
Da! da! und alles andre ist wie das:
Ohn' Sinn, ohn' Glück, ohn' Schmerz, ohn' Lieb, ohn' Haß!

DER TOD.

Du Tor! Du schlimmer Tor, ich will dich lehren,
Das Leben, eh du's endest, einmal ehren.

Stell dich dorthin und schweig und sieh hierher
Und lern, daß alle andern diesen Schollen
Mit lieberfülltem Erdensinn entquollen,
Und nur du selber schellenlaut und leer.
*(Der Tod tut ein paar Geigenstriche, gleichsam rufend. Er
steht an der Schlafzimmertüre, im Vordergrund rechts, Claudio an der Wand links, im Halbdunkel. Aus der Tür rechts
tritt die Mutter. Sie ist nicht sehr alt. Sie trägt ein langes,
schwarzes Samtkleid, eine schwarze Samthaube mit einer
weißen Rüsche, die das Gesicht umrahmt. In den feinen blassen Fingern ein weißes Spitzentaschentuch. Sie tritt leise aus
der Tür und geht lautlos im Zimmer umher.)*

DIE MUTTER.

Wie viele süße Schmerzen saug ich ein
Mit dieser Luft. Wie von Lavendelkraut
Ein feiner toter Atem weht die Hälfte
Von meinem Erdendasein hier umher:
Ein Mutterleben, nun, ein Dritteil Schmerzen,
Eins Plage, Sorge eins. Was weiß ein Mann
Davon?
(An der Truhe.)
          Die Kante da noch immer scharf?
Da schlug er sich einmal die Schläfe blutig;
Freilich, er war auch klein und heftig, wild
Im Laufen, nicht zu halten. Da, das Fenster!
Da stand ich oft und horchte in die Nacht
Hinaus auf seinen Schritt mit solcher Gier,
Wenn mich die Angst im Bett nicht länger litt,
Wenn er nicht kam und schlug doch zwei, und schlug
Dann drei und fing schon blaß zu dämmern an . .
Wie oft . . Doch hat er nie etwas gewußt –
Ich war ja auch bei Tag hübsch viel allein.
Die Hand, die gießt die Blumen, klopft den Staub
Vom Kissen, reibt die Messingklinken blank,

So läuft der Tag: allein der Kopf hat nichts
Zu tun: da geht im Kreis ein dumpfes Rad
Mit Ahnungen und traumbeklommenem
Geheimnisvollem Schmerzgefühle, das
Wohl mit der Mutterschaft unfaßlichem
Geheimen Heiligtum zusammenhängt
Und allem tiefsten Weben dieser Welt
Verwandt ist. Aber mir ist nicht gegönnt
Der süß beklemmend, schmerzlich nährenden,
Der Luft vergangnen Lebens mehr zu atmen.
Ich muß ja gehen, gehen ...
(Sie geht durch die Mitteltüre ab.)

CLAUDIO.   Mutter!
DER TOD.   Schweig!
Du bringst sie nicht zurück.
CLAUDIO.   Ah! Mutter, komm!
Laß mich dir einmal mit den Lippen hier,
Den zuckenden, die immer schmalgepreßt,
Hochmütig schwiegen, laß mich doch vor dir
So auf den Knien .. Ruf sie! Halt sie fest!
Sie wollte nicht! Hast du denn nicht gesehn?!
Was zwingst du sie, Entsetzlicher, zu gehn?
DER TOD.
Laß mir, was mein. Dein w a r es.
CLAUDIO   Ah! und nie
Gefühlt! Dürr, alles dürr! Wann hab ich je
Gespürt, daß alle Wurzeln meines Seins
Nach ihr sich zuckend drängten, ihre Näh'
Wie einer Gottheit Nähe wundervoll
Durchschauert mich und quellend füllen soll
Mit Menschensehnsucht, Menschenlust – und -weh?!
*(Der Tod, um seine Klagen unbekümmert, spielt die Melodie
eines alten Volksliedes. Langsam tritt ein junges Mädchen
ein; sie trägt ein einfaches, großgeblümtes Kleid, Kreuzband-
schuhe, um den Hals ein Stückchen Schleier, bloßer Kopf.)*

DAS JUNGE MÄDCHEN.

Es war doch schön .. Denkst du nie mehr daran?
Freilich, du hast mir weh getan, so weh ..
Allein was hört denn nicht in Schmerzen auf?
Ich hab so wenig frohe Tag' gesehn,
Und die, die waren schön als wie ein Traum!
Die Blumen vor dem Fenster, meine Blumen,
Das kleine, wacklige Spinett, der Schrank,
In den ich deine Briefe legte und
Was du mir etwa schenktest .. alles das
– Lach mich nicht aus – das wurde alles schön
Und redete mit wachen, lieben Lippen!
Wenn nach dem schwülen Abend Regen kam
Und wir am Fenster standen – ah der Duft
Der nassen Bäume! – Alles das ist hin,
Gestorben, was daran lebendig war!
Und liegt in unsrer Liebe kleinem Grab.
Allein es war so schön, und du bist schuld,
Daß es so schön war. Und daß du mich dann
Fortwarfest, achtlos grausam, wie ein Kind,
Des Spielens müd, die Blumen fallen läßt, ..
Mein Gott, ich hatte nichts, dich festzubinden.
(Kleine Pause.)
Wie dann dein Brief, der letzte, schlimme, kam,
Da wollt' ich sterben. Nicht um dich zu quälen,
Sag ich dir das. Ich wollte einen Brief
Zum Abschied an dich schreiben, ohne Klag',
Nicht heftig, ohne wilde Traurigkeit;
Nur so, daß du nach meiner Lieb' und mir
Noch einmal solltest Heimweh haben und
Ein wenig weinen, weil's dazu zu spät.
Ich hab dir nicht geschrieben. Nein. Wozu?
Was weiß denn ich, wieviel von deinem Herzen
In all dem war, was meinen armen Sinn

Mit Glanz und Fieber so erfüllte, daß
Ich wie im Traum am lichten Tage ging.
Aus Untreu' macht kein guter Wille Treu',
Und Tränen machen kein Erstorbnes wach.
Man stirbt auch nicht daran. Viel später erst,
Nach langem, ödem Elend durft' ich mich
Hinlegen, um zu sterben. Und ich bat,
In deiner Todesstund' bei dir zu sein.
Nicht grauenvoll, um dich zu quälen nicht,
Nur wie wenn einer einen Becher Wein
Austrinkt und flüchtig ihn der Duft gemahnt
An irgendwo vergeßne leise Lust.
(Sie geht ab; Claudio birgt sein Gesicht in den Händen. Un-
mittelbar nach ihrem Abgehen tritt ein Mann ein. Er hat bei-
läufig Claudios Alter. Er trägt einen unordentlichen,
bestaubten Reiseanzug. In seiner linken Brust steckt mit
herausragendem Holzgriff ein Messer. Er bleibt in der Mitte
der Bühne, Claudio zugewendet, stehen.)

DER MANN.
Lebst du noch immer, Ewigspielender?
Liest immer noch Horaz und freuest dich
Am spöttisch-klugen, nie bewegten Sinn?
Mit feinen Worten bist du mir genaht,
Scheinbar gepackt von was auch mich bewegte ..
Ich hab dich, sagtest du, gemahnt an Dinge,
Die heimlich in dir schliefen, wie der Wind
Der Nacht von fernem Ziel zuweilen redet ..
O ja, ein feines Saitenspiel im Wind
Warst du, und der verliebte Wind dafür
Stets eines andern ausgenützter Atem,
Der meine oder sonst. Wir waren ja
Sehr lange Freunde. Freunde? Heißt: gemein
War zwischen uns Gespräch bei Tag und Nacht,
Verkehr mit gleichen Menschen, Tändelei

Mit einer gleichen Frau. Gemein: so wie
Gemeinsam zwischen Herr und Sklave ist
Haus, Sänfte, Hund, und Mittagstisch und Peitsche:
Dem ist das Haus zur Lust, ein Kerker dem;
Den trägt die Sänfte, jenem drückt die Schulter
Ihr Schnitzwerk wund; der läßt den Hund im Garten
Durch Reifen springen, jener wartet ihn! ..
Halbfertige Gefühle, meiner Seele
Schmerzlich geborne Perlen, nahmst du mir
Und warfst sie als dein Spielzeug in die Luft,
Du, schnellbefreundet, fertig schnell mit jedem,
Ich mit dem stummen Werben in der Seele
Und Zähne zugepreßt, du ohne Scheu
An allem tastend, während mir das Wort
Mißtrauisch und verschüchtert starb am Weg.
Da kam uns in den Weg ein Weib. Was mich
Ergriff, wie Krankheit über einen kommt,
Wo alle Sinne taumeln, überwach
Von allzuvielem Schau'n nach einem Ziel ..
Nach einem solchen Ziel, voll süßer Schwermut
Und wildem Glanz und Duft, aus tiefem Dunkel
Wie Wetterleuchten webend .. Alles das,
Du sahst es auch, es reizte dich! .. »Ja, weil
Ich selber ähnlich bin zu mancher Zeit,
So reizte mich des Mädchens müde Art
Und herbe Hoheit, so enttäuschten Sinns
Bei solcher Jugend.« Hast du mir's denn nicht
Dann später so erzählt? Es reizte dich!
Mir war es mehr als dieses Blut und Hirn!
Und sattgespielt warfst du die Puppe mir,
Mir zu, ihr ganzes Bild vom Überdruß
In dir entstellt, so fürchterlich verzerrt,
Des wundervollen Zaubers so entblößt,
Die Züge sinnlos, das lebend'ge Haar

Tot hängend, warfst mir eine Larve zu,
In schnödes Nichts mit widerlicher Kunst
Zersetzend rätselhaften süßen Reiz.
Für dieses haßte endlich ich dich so,
Wie dich mein dunkles Ahnen stets gehaßt,
Und wich dir aus.

                Dann trieb mich mein Geschick,
Das endlich mich Zerbrochnen segnete,
Mit einem Ziel und Willen in der Brust –
Die nicht in deiner gift'gen Nähe ganz
Für alle Triebe abgestorben war –
Ja, für ein Hohes trieb mich mein Geschick
In dieser Mörderklinge herben Tod,
Der mich in einen Straßengraben warf,
Darin ich liegend langsam moderte
Um Dinge, die du nicht begreifen kannst,
Und dreimal selig dennoch gegen dich,
Der keinem etwas war und keiner ihm.
(Er geht ab.)

CLAUDIO.
Wohl keinem etwas, keiner etwas mir.
(Sich langsam aufrichtend.)
Wie auf der Bühn' ein schlechter Komödiant
Aufs Stichwort kommt er, red't sein Teil und geht
Gleichgültig gegen alles andre, stumpf,
Vom Klang der eignen Stimme ungerührt
Und hohlen Tones andre rührend nicht:
So über diese Lebensbühne hin
Bin ich gegangen ohne Kraft und Wert.
Warum geschah mir das? Warum, du Tod,
Mußt du mich lehren erst das Leben sehen,
Nicht wie durch einen Schleier, wach und ganz,
Da etwas weckend, so vorübergehen?
Warum bemächtigt sich des Kindersinns

So hohe Ahnung von den Lebensdingen,
Daß dann die Dinge, wenn sie wirklich sind,
Nur schale Schauer des Erinnerns bringen?
Warum erklingt uns nicht dein Geigenspiel,
Aufwühlend die verborgne Geisterwelt,
Die unser Busen heimlich hält,
Verschüttet, dem Bewußtsein so verschwiegen,
Wie Blumen im Geröll verschüttet liegen?
Könnt' ich mit dir sein, wo man dich nur hört,
Nicht von verworrner Kleinlichkeit verstört!
Ich kann's! Gewähre, was du mir gedroht:
Da tot mein Leben war, sei du mein Leben, Tod!
Was zwingt mich, der ich beides nicht erkenne,
Daß ich dich Tod und jenes Leben nenne?
In eine Stunde kannst du Leben pressen,
Mehr als das ganze Leben konnte halten,
Das schattenhafte will ich ganz vergessen
Und weih mich deinen Wundern und Gewalten.
(Er besinnt sich einen Augenblick.)
Kann sein, dies ist nur sterbendes Besinnen,
Heraufgespült vom tödlich wachen Blut,
Doch hab ich nie mit allen Lebenssinnen
So viel ergriffen, und so nenn ich's gut!
Wenn ich jetzt ausgelöscht hinsterben soll,
Mein Hirn von dieser Stunde also voll,
Dann schwinde alles blasse Leben hin:
Erst, da ich sterbe, spür ich, daß ich bin.
Wenn einer träumt, so kann ein Übermaß
Geträumten Fühlens ihn erwachen machen,
So wach ich jetzt, im Fühlensübermaß
Vom Lebenstraum wohl auf im Todeswachen.
(Er sinkt tot zu den Füßen des Todes nieder.)
DER TOD *(indem er kopfschüttelnd langsam abgeht).*
Wie wundervoll sind diese Wesen,

Die, was nicht deutbar, dennoch deuten,
Was nie geschrieben wurde, lesen,
Verworrenes beherrschend binden
Und Wege noch im Ewig-Dunkeln finden.
(Er verschwindet in der Mitteltür, seine Worte verklingen.)

Im Zimmer bleibt es still. Draußen sieht man durchs Fenster den Tod geigenspielend vorübergehen, hinter ihm die Mutter, auch das Mädchen, dicht bei ihnen eine Claudio gleichende Gestalt.

Die Frau im Fenster

La demente: »Conosci la storia di Madonna Dianora?«
Il medico: »Vagamente. Non ricordo più« . . .
                    Sogno d'un mattino di primavera

MESSER BRACCIO
MADONNA DIANORA
DIE AMME

*Die Gartenseite eines ernsten lombardischen Palastes. Rechts die
Wand des Hauses, welche einen stumpfen Winkel mit der den
Hintergrund bildenden mäßig hohen Gartenmauer umschließt.
Das Haus besteht bis zur anderthalbfachen Mannshöhe aus un-
behauenen Quadern. Dann kommt ein kahler Streif, dann ein
Marmorsims, der sich unter jedem Fenster zu einer Medaille mit
dem halberhabenen Gesicht eines ruhigen Löwen erweitert.
Man sieht zwei Fenster, jedes hat einen kleinen eckigen Balkon,
dessen Steingeländer nach vorne Spalten hat, so daß man die
Füße der Menschen sieht, die in diesen Erkern stehen. In beiden
Fenstern ist ein Vorhang gegen das dahinterliegende Zimmer.
Der Garten ist nur ein Rasenplatz mit ungeordneten Obstbäu-
men. Die Ecke zwischen Mauer und Haus ist mit dunklem Bux-
gesträuch angefüllt. Die linke Seite der Bühne bildet eine dichte
Weinlaube, von Kastanienbäumen getragen; man sieht nur
ihren Eingang, sie verläuft schief nach links rückwärts. Auch gegen den Zuschauer hin ist der Garten verlaufend zu denken.
Hinter der rückwärtigen Mauer befindet sich (für den Zuschauer auf der Galerie) ein schmaler Weg, dahinter die Mauer
des Nachbargartens, der zu keinem Haus zu gehören scheint.
Und im Nachbargarten und weiter rückwärts, so weit man
sieht, nichts als die Wipfel unregelmäßig stehender Obstbäume,
angefüllt mit Abendsonne.*

MADONNA DIANORA *(am rückwärtigen Fenster).*
  Ein Winzer ist's und noch der letzte nicht,
  noch nicht der letzte, der vom Hügel steigt!
  Da sind noch ihrer drei und da, und dort ..
  So hast du denn kein Ende, heller Tag?
  Wie hab ich dir die Stunden aus den Händen
  gewunden, aus den halbgeöffneten,

und sie zerbröckelt und die kleinen Stücke
hineingeworfen in ein treibend Wasser,
wie ich jetzt mit zerrissnen Blüten thu'.
Wie hab ich diesen Morgen fortgeschmeichelt!
Ein jedes Armband, jedes Ohrgehäng
nun eingehängt, nun wieder abgelegt,
und wiederum genommen, aber dann
doch wieder abgelegt und ganz vertauscht.
Und einen schweren Schwall von klarem Wasser
im Bade durch mein Haar und langsam dann,
ganz langsam ausgewunden und dann langsam
mit stillen steten Schritten auf und ab
den schmalen Mauerweg dort in der Sonne,
doch war's noch immer feucht: es ist so dicht.
Dann suchte ich im Laubengang nach Nestern
mit jungen Meisen, leiser als ein Lufthauch
bog ich die schwanken Reben auseinander
und saß im bebenden Gebüsch und fühlte
auf meinen Wangen, auf den Händen wandern,
unsäglich langsam wandern mit den Stunden
die kleinen Flecken von erwärmtem Licht,
und schloß die Augen halb und konnt' es fast
für Lippen nehmen, die so wanderten.
Doch kommen Stunden, wo all der Betrug
nichts fruchtet, wo ich nichts ertragen kann,
als in der Luft dem Rudern wilder Gänse
mit hartem Blick zu folgen oder mich
zu beugen auf ein wildes schnelles Wasser,
das meinen schwachen Schatten mit sich reißt.
Geduldig will ich sein, ich bin es ja:
Madonna! einen hohen steilen Berg
will ich hinaufgehn und bei jedem Schritt
mich niederknieen und den ganzen Berg
abmessen hier mit dieser Perlenschnur,

wenn dieser Tag nur schnell hinuntergeht!
Denn er ist gar zu lang, ich mess' ihn schon
mit tausendfachen kleinen Ketten ab;
nun red' ich wie im Fieber vor mich hin,
nur statt die Blätter wo am Baum zu zählen
und bin schon wieder viel zu früh zu End! . . .
Ja, da! Der Alte ruft den Hund herein!
So liegt sein kleiner Garten schon im Schatten:
er fürchtet sich und sperrt sich ein, allein!
Für ihn ist jetzt schon Nacht, doch freut's ihn nicht.

Nun gehen auch die Mädchen nach dem Brunnen:
von jeder kenn' ich jetzt schon ganz die Weise,
wie sie den Träger mit den leeren Eimern
abnimmt. – Die letzte ist die hübscheste . . .
Was thut der Mensch, ein fremder Mensch, am
                                    Kreuzweg?
Der geht wohl heut noch weit; er hebt den Fuß
auf einen Stein und nimmt die Tücher ab,
in die der Fuß gewickelt ist, ein Leben!
Ja, zieh Dir aus der Sohle nur den Dorn,
denn Du mußt eilen, eilen müssen alle;
hinunter muß der fieberhafte Tag,
und dieser Flammenschein von unsern Wangen.
O was uns stört und was uns lastet, fort!
Fort wirf den Dorn, ins Feld, wo in den Brunnen
das Wasser bebt und Büschel großer Blumen
der Nacht entgegenglühn; ich streif die Ringe
von meiner Hand, und die entblößten Finger
sind froh wie nackte Kinder, die des Abends
zum Bach hinunter dürfen, um zu baden. –
Nun gehen sie vom Brunnen, nur die letzte
verweilt sich noch . . . Wie schönes Haar sie hat;
allein was weiß sie, was sie daran hat!

Sie ist wohl eitel drauf, doch Eitelkeit
ist nur ein armes Spiel der leeren Jahre:
Einmal, wenn sie hinkommt, wo ich jetzt bin,
wird sie's liebhaben, wird es über sich
hinfallen fühlen, wie ein Saitenspiel
mit leisem Flüstern und dem Nachgefühl
geliebter Finger fiebernd angefüllt.
*(Sie löst ihr Haar auf und läßt es links und rechts nach vorne
fallen.)*
Was wollt ihr hier bei mir? Hinab mit euch!
Ihr dürft entgegen! Wenn es dunkel ist
und seine Hand sich an der Leiter hält,
wird sie auf einmal statt der leeren Luft
und kühler fester Blätter hier vom Bux
euch spüren, leiser als den leichten Regen,
der abends fällt aus dünnen goldnen Wolken.
(Läßt das Haar über die Brüstung hinabfallen.)
Seid ihr so lang und reicht doch nicht ein Drittel
des Weges, rührt mit euren Spitzen kaum
dem Löwen an die kalten Marmornüstern.
(Sie lacht, hebt sich wieder.)
Ah! eine Spinne. Nein, ich schleudre dich
nicht weg, ich leg die Hand nun wieder still
hier aufs Geländer und du findest weiter
den Weg, den du so eifrig laufen willst.
Wie sehr bin ich verwandelt, wie verzaubert!
Sonst hätt' ich nicht die Frucht berührt im Korb,
wär nur am Rand des Korbes dies gelaufen:
nun nimmst du deinen Weg auf meiner Hand
und mich in meiner Trunkenheit erfreut's.
Ich könnte gehn am schmalen Rand der Mauer
und würd' so wenig schwindlich als im Garten.
Fiel ich ins Wasser, mir wär wohl darin:
mit weichen kühlen Armen fing's mich auf

und zwischen schönen Lauben glitt' ich hin
mit halbem Licht und dunkelblauem Boden
und spielte mit den wunderlichen Tieren,
goldflossig und mit dumpfen guten Augen.
Ja, müßt ich meine Tage eingesperrt
in einem halbverfallenen Gemäuer
im dicken Wald verbringen, wär mir doch
die Seele nicht beengt, es kämen da
des Waldes Tiere, viele kleine Vögel
und kleine Wiesel rührten mit der Schnauze
und mit den Wimpern ihrer klugen Augen
die Zehen meiner nackten Füße an,
indessen ich im Moos die Beeren äße!
... Was raschelt dort? Der Igel ist's, der Igel
vom ersten Abend! Bist du wieder da,
trittst aus dem Dunkel, gehst auf deine Jagd?
Ja, Igel, käm nur auch mein Jäger bald!
(Aufschauend.)
Nun sind die Schatten fort, die Schatten alle:
die von den Pinien, die von den Mauern,
die von den kleinen Häusern dort am Hügel,
die großen von den Weingerüsten, der
vom Feigenbaum am Kreuzweg, alle fort,
wie aufgesogen von der stillen Erde!
Nun ist es wirklich Nacht, nun stellen sie
die Lampe auf den Tisch, nun drängen sich
im Pferch die Schafe fester aneinander,
und in den dunklen Ecken der Gerüste,
wo sich die dichten Weingewinde treffen,
da hocken Kobolde mit einem Leib
wie hübsche Kinder, doch boshaften Seelen,
und auf den Hügeln treten aus der Lichtung
vom Wald die guten Heiligen heraus
und schauen hin, wo ihre Kirchen stehen

und freu'n sich an den vielen Kapellen.
Nun süßes Spielzeug darfst du auch heraus,
feiner als Spinnweb, fester als ein Panzer!
(Sie befestigt ein Ende der seidenen Strickleiter an einem
Eisenhaken innen am Boden des Balkons.)
Nun thu ich so als wär es höchste Zeit
und lasse dich hinab in meinen Brunnen,
mir einen schönen Eimer aufzuziehn!
(Sie zieht die Strickleiter wieder herauf.)
Nun ist es Nacht: und kann so lange noch,
so endlos lang noch dauern, bis er kommt!
(Ringt die Finger.)
Kann!
(Mit leuchtenden Augen.)
  Aber muß nicht! aber freilich kann ...
(Sie macht in ihre Haare einen Knoten. Währenddem ist die
Amme an das vordere Fenster getreten und gießt die roten
Blumen, die dort stehen.)
DIANORA *(sehr heftig erschreckend).*
Wer ist da, wer? ach, Amme, Du bist es!
So spät hab ich Dich hier noch nie gesehen ...
Ist denn etwas geschehen? ...
AMME.   Nichts, gnädige Frau!
Siehst Du denn nicht, ich habe meine Blumen
vergessen zu begießen, und am Weg
vom Segen heim fällt's mir auf einmal ein
und da bin ich noch schnell heraufgegangen.
DIANORA.
So gieß nur Deine Blumen. Aber, Amme,
wie sonderbar Du aussiehst! Deine Wangen
sind rot und Deine Augen glänzen so ...
AMME *(giebt keine Antwort).*
DIANORA.
Sag, predigt immer noch der Bruder, der ...

AMME *(kurz).*

Ja, gnädige Frau.

DIANORA.   Aus Spanien ist er, sag?

AMME *(gibt keine Antwort. Pause).*

DIANORA *(verfolgt ihren eigenen Gedankengang).*

Sag, Amme, wie war ich als Kind?

AMME.

Stolz, gnädige Frau, ein stolzes Kind, nichts als stolz.

DIANORA *(sehr leise).*

Wie sonderbar, und Demut ist so süß . . .
. . . Wie?

AMME.   Ich habe nichts gesagt, gnädige Frau . . .

DIANORA.

Ach so. Sag, mit wem hat er Ähnlichkeit, der spanische
Geistliche?

AMME.

Er ist anders als die andern Leute.

DIANORA.

Nein, nur so im Aussehen . . . Mit meinem Mann, mit
dem gnädigen Herrn?

AMME.

Nein, gnädige Frau.

DIANORA.

Mit meinem Schwager?

AMME.

Nein.

DIANORA.

Mit Ser Antonio Melzi?

AMME.

Nein.

DIANORA.

Messer Galeazzo Suardi?

AMME.

Nein.

DIANORA.

Messer Palla degli Albizzi?

AMME.

Mit diesem hat die Stimme ein wenig Ähnlichkeit. Ja, ich hab' gestern zu meinem Sohn gesagt, die Stimme erinnert ein bißchen an Messer Palla's Stimme.

DIANORA.

Die Stimme ...

AMME.

Aber die Augen erinnern ein wenig an Messer Guido Schio, den Neffen unseres gnädigen Herrn.

DIANORA *(schweigt)*.

AMME.

Er ist mir gestern auf der Stiege begegnet. Er ist stehn geblieben.

DIANORA *(auffahrend)*.

Messer Palla?

AMME.

Nein, unser gnädiger Herr. Er befahl mir, ihm von der Wundsalbe zu machen, die aufgebraucht ist. Seine Wunde ist noch immer nicht ganz geheilt.

DIANORA.

Ach ja, der Biß vom Pferd. Hat er sie Dir gezeigt?

AMME.

Ja, am Rücken der Hand ist es zugeheilt, innen aber ist ein kleiner dunkler Fleck, so sonderbar, wie ich ihn nie bei einer Wunde gesehen habe ...

DIANORA.

Von welchem Pferd er das nur hat?

AMME.

Von dem schönen großen Rotschimmel, gnädige Frau.

DIANORA.

Ja, ja, ich entsinn' mich schon. Es war an dem Tag wo Francesco Chieregati's Hochzeit war.

(Sie fängt hell zu lachen an.)

AMME *(sieht sie an).*

DIANORA.

Ich hab' an etwas anders denken müssen. Er erzählte es
dann bei Tisch, er trug die Hand in einem Tuch. Wie war
es nur eigentlich?

AMME.

Was, gnädige Frau?

DIANORA.

Das mit dem Pferd.

AMME.

Weißt Du es nicht, gnädige Frau?

DIANORA.

Er erzählte es bei Tisch. Ich konnte es aber nicht hören.
Messer Palla degli Albizzi saß neben mir und war so lu-
stig und alle lachten und ich konnte es nicht gut hören,
was mein Mann erzählte.

AMME.

Wie der gnädige Herr in den Stand getreten ist, hat der
Rotschimmel die Ohren zurückgelegt, geknirscht und auf
einmal nach der Hand geschnappt.

DIANORA.

Und dann?

AMME.

Dann hat ihn der Herr mit der Faust hinter die Ohren
geschlagen, daß das große starke Pferd getaumelt hat wie
ein junger Hund.

DIANORA *(schweigt, sieht verträumt vor sich hin).*

AMME.

O er ist stark, unser Herr. Er ist der stärkste Herr vom
ganzen Adel ringsum und der klügste.

DIANORA.

Nicht wahr? *(Erst aufmerkend.)* Wer?

AMME.

Unser Herr.

DIANORA.

Ach, unser Herr.

(Lächelt. – Pause.)

– – Und seine Stimme ist so schön und deswegen hören ihm alle so gern zu, in der großen halbdunklen Kirche.

AMME.

Wem, gnädige Frau?

DIANORA.

Dem spanischen Ordensbruder, wem denn?

AMME.

Nein, gnädige Frau, es ist nicht wegen der Stimme, daß man ihm zuhört.

DIANORA *(giebt schon wieder nicht Acht).*

AMME.

Gnädige Frau ...

Gnädige Frau, ist das wahr, was sich die Leute erzählen, das von dem Gesandten?

DIANORA.

Von welchem Gesandten?

AMME.

Von dem Gesandten, den die Leute von Como an unsern Herrn geschickt haben.

DIANORA.

Was erzählen denn die Leute?

AMME.

Ein Schafhirt, sagen sie, hat's gesehen.

DIANORA.

Was hat er denn gesehen?

AMME.

Unser Herr war zornig über den Gesandten und hat den Brief nicht nehmen wollen, den ihm die von Como geschrieben haben. Dann hat er ihn doch genommen, den Brief, halb gelesen, und in Fetzen gerissen und die Fetzen dem Menschen, dem Gesandten, vor den Mund gehalten

und verlangt, er solle sie verschlucken. Der ging aber
rückwärts wie ein Krebs und machte gerade solche stiere
Augen wie ein Krebs, und alle lachten, am meisten aber
der Herr Silvio, dem gnädigen Herrn sein Bruder. Dann
hat ihm der Herr sein Maultier aus dem Stall ziehen und
vor's Thor stellen lassen und wie der zu langsam in den
Sattel kam, nach den Hunden gepfiffen. Der Gesandte ist
fort mit seinen zwei Knechten. Unser Herr ist mit sieben Leuten hinaus auf die Jagd, mit allen Hunden. Gegen Abend aber sollen sie einander begegnet sein, an der
Brücke über die Adda, dort wo das Varesanische anfängt,
unser Herr, der von der Jagd am Heimweg war und der
Mensch aus Como. Und der Schafhirt kommt auch vorbei und treibt seine Heerde neben der Brücke in ein
Maisfeld, nur daß sie ihm nicht von den Pferden zusam-
mengetreten werden. Da hört er unsern Herrn rufen:
»Da ist der, der nicht essen wollte, vielleicht will er trinken!« Und vier von unsern Leuten hängen sich an die
zwei Knechte, zwei andre nehmen den Gesandten jeder
bei einem Bein, heben ihn aus dem Sattel und schleudern
ihn, der sich wehrt wie ein Wahnsinniger, übers Geländer. Einem hat er mit den Zähnen ein Stückel vom Ärmel mitsamt dem Fleisch darunter herausgerissen. Die
Adda hat an der Stelle recht steile Ufer, sie war ganz
dunkel und reißend von dem vielen Regen im Gebirg. Er
ist nicht wieder herausgekommen, hat der Schafhirt gesagt.
(Amme hält inne, sieht sie fragend an.)
DIANORA *(finster).*
Ich weiß nicht.
*(Sie schüttelt wieder den sorgenvollen Ausdruck ab, ihr Ge-
sicht nimmt wieder seinen verträumten, innerlich glücklichen
Ausdruck an.)*
Sag mir etwas von dem, was er predigt, der Spanier.

AMME.

Ich weiß nicht, wie ich's sagen sollte, gnädige Frau.

DIANORA.

Nur etwas weniges. Predigt er denn von so vielerlei Dingen?

AMME.

Nein, fast immer von demselben.

DIANORA.

Von was?

AMME.

Von der Ergebung in den Willen des Herrn.

DIANORA *(sieht sie an, nickt)*.

AMME.

Gnädige Frau, Du mußt verstehen, das ist alles.

DIANORA.

Wie, alles?

AMME *(während des Redens mit den Blumen beschäftigt)*.

Er sagt, es liegt darin alles, das ganze Leben, es giebt
sonst nichts. Er sagt, es ist alles unentrinnbar und das ist
das große Glück, zu erkennen, daß alles unentrinnbar ist.
Und das ist das Gute, ein anderes Gutes giebt es nicht.
Die Sonne muß glühen, der Stein muß auf der stummen
Erde liegen, aus jeder lebendigen Kreatur geht ihre Stimme heraus, sie kann nichts dafür, sie kann nichts dawider,
sie muß.

DIANORA *(denkt nach wie ein Kind)*.

AMME *(geht vom Fenster weg)*.

(Pause.)

DIANORA.

Wie abgespiegelt in den stillsten Teich
liegt alles da, gefangen in sich selber.
Der Epheu rankt sich in den Dämmer hin
und hält die Mauer tausendfach umklommen,
hoch ragt ein Lebensbaum, zu seinen Füßen

steht still ein Wasser, spiegelt, was es sieht,
und aus dem Fenster über diesen Rand
von kühlen festen Steinen beug ich mich
und strecke meine Arme nach dem Boden.
Mir ist, als wär ich doppelt, könnte selber
mir zusehn, wissend, daß ich's selber bin –
(Pause.)
Ich glaube, so sind die Gedanken, die
ein Mensch in seiner Todesstunde denkt.
(Sie schaudert, macht das Kreuz.)

AMME *(ist schon früher wieder an ihr Fenster gekommen, hat
eine Scheere in der Hand, schneidet dürre Ästchen von den
Blumenstöcken).*
Nun aber bin ich fertig mit den Blumen
und eine gute Nacht, gnädige Frau.

DIANORA *(erschreckend).*
Wie? Amme, gute Nacht, leb wohl. Mich schwindelt.

AMME *(geht weg).*

DIANORA *(sich aufrüttelnd).*
Amme!

AMME *(kommt wieder).*

DIANORA. Wenn der Bruder morgen predigt,
geh ich mit Dir.

AMME. Ja, morgen, gnädige Frau,
wenn uns der liebe Gott das Leben schenkt.

DIANORA *(lacht).*
Ja freilich. Gute Nacht.
(Lange Pause.)

DIANORA. Nur seine Stimme
hat dieser fremde Mönch, da laufen ihm
die Leute zu und hängen sich an ihn,
wie Bienen an die dunklen Blütendolden,
und sagen: »Dieser Mensch ist nicht wie andre,
er macht uns schauern, seine Stimme löst

sich auf und sinkt in uns hinein, wir sind
wie Kinder, wenn wir seine Stimme hören.«
O hätt' ein Richter seine helle Stirn,
wer möchte dann nicht knien an den Stufen
und jeden Spruch ablesen von der Stirn!
Wie süß zu knien auf der letzten Stufe,
und sein Geschick in dieser Hand zu wissen!
in diesen königlichen guten Händen!

– –

Und seine Fröhlichkeit! wie wundervoll
zu sehn, wenn solche Menschen fröhlich sind!
– – – Er nahm mich bei der Hand und zog mich fort
und wie verzaubert war mein Blut, ich streckte
die linke Hand nach rückwärts und die andern
hängten sich dran, die ganze lange Kette
von Lachenden! Die Lauben flogen wir
hinab und einen tiefen steilen Gang,
kühl wie ein Brunnenschacht, ganz eingefaßt
von hundertjährigen Cypressen, dann
den hellen Abhang: bis an meine Knie'
berührten mich die wilden warmen Blumen,
wie wir hinliefen wie ein heller Windstoß,
und dann ließ er mich los und sprang allein
hinan die Stufen zwischen den Kaskaden:
Delphinen sprang er auf die platte Stirn,
an den im Rausch zurückgeworfnen Armen
der Faune hielt er sich, stieg den Tritonen
auf ihre nassen Schultern, immer höher,
der wildeste und schönste Gott von allen!
Und unter seinen Füßen flog das Wasser
hervor und schäumte durch die Luft herab,
und sprühte über mich und ich stand da
und mir verschlang der Lärm des wilden Wassers
die ganze Welt. Und unter seinen Füßen
kam es hervor und sprühte über mich!

(Pause. Man hört Schritte in der Ferne.)
DIANORA.
   Ss! Schritte! nein es ist noch viel zu früh
   und doch! und doch!
   (Langes Warten.)   Sie kommen!
   (Pause.)   Kommen nicht.
   O nein, sie kommen nicht. Und wie sie schlürfen.
   Nun schlürfen sie den Weinberg dort hinab,
   und taumeln. Dort sind Stufen. Ein Betrunkner!
   Bleib auf der Landstraße, betrunkner Mensch!
   Was willst Du zwischen unsern Gärten hier?
   Heut ist kein Mond, wär Mond, wär ich nicht hier!
   Die kleinen Sterne flimmern ruhelos
   und zeigen keinen Weg für Deinesgleichen.
   Geh heim, auf einen Trunknen wart ich auch
   doch nicht von schlechtem Wein, und seine Schritte
   sind leichter als der leichte Wind im Gras
   und sicherer als der Tritt des jungen Löwen.
   (Pause.)
   Doch sind es martervolle Stunden! Nein!
   nein, nein, nein, nein, so schön, so gut, so schön!
   er kommt: o weit im Wege ist er schon!
   der letzte Baum dort drunten sieht ihn schon,
   vielmehr er könnt ihn sehen, wäre nicht
   der lange Streifen schattenhafter Sträucher
   dazwischen – und wenn's nicht so dunkel wär'.
   (Pause.)
   Er kommt! so sicher als ich jetzt die Leiter
   an diesen Haken binde, kommt, so sicher
   als leise raschelnd jetzt ich sie hinunter,
   hinunter gleiten lasse, als sie jetzt
   verstrickt ist im Gezweig, nun wieder frei,
   so sicher als sie hängt und leise bebt,
   wie ich hier hänge, bebender als sie . . .

(*Sie bleibt lange so über die Brüstung gebeugt liegen. Auf
einmal glaubt sie zu hören, wie hinter ihr der Vorhang zwischen ihrem Balkon und dem Zimmer zurückgeschlagen
wird. Sie dreht den Kopf und sieht, wie ihr Mann in der
Thüre steht. Sie springt auf, ihre Züge verzerren sich in der
äußersten Todesangst. Messer Braccio steht lautlos in der
Thür. Er hat ein einfaches dunkelgrünes Hausgewand an,
ohne alle Waffen; niedrige Schuhe. Er ist sehr groß und stark.
Sein Gesicht ist so, wie es auf den alten Bildnissen von großen
Herren und Söldnerkapitänen nicht selten vorkommt. Er hat
eine übermäßig große Stirn und kleine dunkle Augen, dichtes
kurzgeringeltes schwarzes Haar und einen kleinen Bart rings
um das Gesicht.*)

DIANORA (*will sprechen, kann nicht, sie bringt keinen Laut aus
der Kehle*).

MESSER BRACCIO (*winkt, sie soll die Leiter einziehen*).

DIANORA (*thut es automatisch, rollt sie zusammen, läßt das
Bündel wie bewußtlos vor ihren Füßen niederfallen*).

BRACCIO (*sieht ihr ruhig zu; dann greift er mit der rechten
Hand nach der linken Hüfte, auch mit der linken Hand,
sieht hinunter, bemerkt, daß er keinen Dolch hat. Macht eine
ungeduldige Bewegung mit den Lippen, wirft einen Blick in
den Garten hinunter, einen Blick nach rückwärts. Hebt seine
rechte Hand einen Augenblick und besieht das Innere. Geht
mit starken ruhigen Schritten ins Zimmer zurück*).

DIANORA (*sieht ihm unaufhörlich nach; sie kann die Augen
nicht von ihm abwenden. Wie der Vorhang hinter ihm zu-
fällt, fährt sie sich mit den Fingern über die Wangen, ins
Haar. Dann faltet sie die Hände und spricht lautlos mit
wildem Durcheinanderwerfen der Lippen ein Gebet. Dann
wirft sie die Arme nach rückwärts und umschließt mit den
Fingern den Steinrand, eine Bewegung, in der etwas von töd-
licher Entschlossenheit und wie eine Ahnung von Triumph
liegt*).

BRACCIO (*tritt wieder aus der Thür, mit der Linken trägt er einen Sessel, stellt ihn in die Thüröffnung und setzt sich seiner Frau gegenüber. Sein Gesicht ist unverändert. Von Zeit zu Zeit hebt er mechanisch die rechte Hand und sieht die kleine Wunde auf der Innenfläche an*).

BRACCIO (*der Ton ist kalt, gewissermaßen wegwerfend. Er deutet mit dem Fuß und den Augen nach der Leiter*).

Wer?

DIANORA (*hebt die Achseln, läßt sie langsam wieder fallen*).

BRACCIO.

     Ich weiß es.

DIANORA (*hebt die Achseln, läßt sie langsam wieder fallen. Ihre Zähne sind aufeinandergepreßt*).

BRACCIO (*indem er die Bewegung mit der Hand macht, streift seine Frau nur mit dem Blick, sieht dann wieder in den Garten*).   Palla degli Albizzi.

DIANORA (*zwischen den Zähnen hervor*).

  Wie häßlich auch der schönste Name wird,
  wenn ihn ein Mund ausspricht, dem es nicht ziemt!

BRACCIO (*sieht sie an, als ob er reden wollte, schweigt aber wieder*).

  (*Pause.*)

BRACCIO.

  Wie alt bist Du?

DIANORA (*schweigt*).

BRACCIO.

  Fünfzehn und fünf. Du bist zwanzig Jahre alt.

DIANORA (*schweigt*).

  (*Pause.*)

DIANORA (*fast schreiend*).

  Meines Vaters Name war Bartholomeus Colleoni ... Du kannst mich ein Vaterunser und den englischen Gruß sprechen lassen und mich dann töten, aber nicht so stehen lassen wie ein angebundenes Tier!

BRACCIO *(sieht sie an wie verwundert, giebt keine Antwort,*
sieht seine Hand an).

DIANORA *(fährt langsam rückwärts mit den Händen an ihr*
Haar, schließt vorne die Ellenbogen, starrt ihn an, läßt die
Arme vorne fallen, scheint seinen Plan zu verstehen. Ihre
Stimme ist nun völlig verändert, wie eine zum Reißen ge-
spannte Saite).
Ich möchte eine Dienerin, die mir
(stockend, die Stimme droht ihr abzureißen)
vorher die Haare flicht, sie sind verwirrt.

BRACCIO.
Du hilfst dir öfter ohne Dienerin.

DIANORA *(beißt die Lippen zusammen, schweigt, streicht die*
Haare an den Schläfen zurück; faltet die Hände).
Ich habe keine Kinder. Meine Mutter
hab ich einmal gesehn, bevor sie starb:
der Vater führte mich und meine Schwester
hinein, es war ein strenges hochgewölbtes
Gemach, ich konnte nicht die Kranke sehn,
das Bette war zu hoch, nur eine Hand
hing mir entgegen und die küßte ich.
Vom Vater weiß ich, daß er einen Harnisch
von grünem Gold mit dunklen Spangen trug
und daß ihm zweie halfen, wenn er morgens
zu Pferde stieg, denn er war schon sehr alt.
Meine Schwester Medea hab ich wenig
gekannt. Sie war kein frohes Kind.
Ihr Haar war dünn und Stirn und Schläfen schienen
viel älter als ihr Mund und ihre Hände;
sie hatte immer Blumen in der Hand.

Sei diesen Seelen gnädig, wie der meinen,
und heiß sie freundlich mir entgegenkommen.
Ich kann nicht niederknie'n, es ist kein Raum.

BRACCIO *(steht auf, schiebt seinen Stuhl ins Zimmer, ihr Platz zu machen, sie beachtet ihn nicht).*

DIANORA.

Noch eins; laß mich nachdenken: Bergamo,
wo ich geboren ward, das Haus zu Feltre,
wo die Oheime und die Vettern waren . . .
dann setzten sie mich auf ein schönes Pferd
mit einer reichen Decke, meine Vettern
und viele andre ritten neben mir
und so kam ich hierher, von wo ich jetzt
hingehen soll . . .
(sie hat sich zurückgelehnt und sieht über sich die flimmern-
den Sterne auf dem schwarzen Himmel; schaudert)
            ich wollte etwas andres . . .
(sucht)
von Bergamo, wo sie mich gehen lehrten
bis hierher, wo ich stehe, hab ich mich
vielfach verschuldet, öfter als ich weiß,
am öftesten durch Hoffart, und einmal,
das ich noch weiß, sei für die vielen andern,
die schwerer sind, gebeichtet und bereut:
als ich
(denkt nach)
       drei Tage nach Sankt Magdalena
mit dem hier, meinem Mann und vielen andern Herrn
nach Haus ritt von der Jagd, lag an der Brücke
ein alter Bettler mit gelähmten Füßen:
ich wußte, daß er alt und elend war,
auch war etwas in seinen müden Augen,
das meinem toten Vater ähnlich sah . . .
trotzdem! nur weil der, welcher neben mir ritt,
die Hand am Zaum von meinem Pferde hatte,
wich ich nicht aus und ließ den scharfen Staub
von meines Pferdes Füßen ihn verschlucken,

ja, ritt so dicht an ihn, daß mit den Händen
er sein gelähmtes Bein wegheben mußte:
dessen entsinn ich mich und ich bereu es.

BRACCIO.
  Der neben Dir ritt, hielt Dein Pferd am Zaume?
  (Sieht sie an.)

DIANORA *(erwidert den Blick, versteht ihn, sehr hart).*
  Ja. Damals so wie öfter. Damals so
  wie öfter. Und wie furchtbar selten doch!
  wie dünn ist alles Glück! ein seichtes Wasser:
  man muß sich niederknieen, daß es nur
  bis an die Schultern reichen soll.

BRACCIO.   Wer hat
  von meinen Leuten, Deinen Dienerinnen
  gewußt um diese Dinge?

DIANORA *(schweigt).*

BRACCIO *(wegwerfende Handbewegung).*

DIANORA.   Falsch, sehr falsch
  verstehst Du jetzt mein Schweigen. Was weiß ich,
  wer darum wußte? Ich hab's nicht verhehlt.
  Doch meinst Du, ich bin eine von den Frauen,
  die hinter Kupplerinnen und Bedienten
  ihr Glück versteckt, dann kennst Du mich sehr schlecht.
  Merk auf, merk auf! Einmal darf eine Frau
  so sein wie ich jetzt war, zwölf Wochen lang,
  einmal darf sie so sein! Wenn sie vorher
  des Schleiers nie bedurfte, ganz gedeckt
  vom eignen Stolz so wie von einem Schild,
  darf sie den Schleier einmal auch wegreißen
  und Wangen haben, brennend wie die Sonne.
  Die 's zweimal könnte, wäre fürchterlich;
  mich trifft das nicht, Du weißt's, Du mußt es wissen!
  Wer es erraten, fragst Du mich um das?

Dein Bruder muß es wissen. So wie Du,
Dein Bruder! so wie Du! Frag den, frag den!
(Ihre Stimme hat jetzt etwas Sonderbares, fast kindlich
Hohes.)
Im Juli am Sankt Magdalenentag,
da war Francesco Chieregatis Hochzeit:
das garstige Ding an Deiner rechten Hand
ist von dem Tag, und ich weiß auch den Tag.
Wir aßen in den Lauben, die sie haben,
den schönen Lauben an dem schönen Teich:
da saß er neben mir und gegenüber saß
Dein Bruder. Wie sie nun die Früchte gaben
und Palla mir die schwere goldne Schüssel
voll schöner Pfirsiche hinhielt, daß ich
mir nehmen sollte, hingen meine Augen
an seinen Händen und ich sehnte mich
demütig ihm vor allen Leuten hier
die beiden Hände über'm Tisch zu küssen.
Dein Bruder aber, der lang nicht so dumm
wie tückisch ist, fing diesen Blick mit seinem
und muß erraten haben, was ich dachte,
und wurde blaß vor Zorn: da kam ein Hund
ein großes dunkles Windspiel hergegangen
und rieb den feinen Kopf an meiner Hand,
der linken, die hinunterhing: da stieß
Dein dummer Bruder mit gestrecktem Fuß
in Wut mit aller Kraft nach diesem Hund,
nur weil er nicht mit einem harten Dolch
nach mir und meinem Liebsten stoßen konnte.
Ich aber sah ihn an und lachte laut
und streichelte den Hund und mußte lachen.
(Sie lacht ein übermäßig helles Lachen, das jeden Augenblick
in Weinen oder Schreien übergehen könnte.)
BRACCIO *(scheint zu horchen).*

DIANORA *(horcht auch, ihr Gesicht hat den Ausdruck der ent-*
setzlichsten Spannung. Bald kann sie es aber nicht ertragen
und fängt wieder zu reden an, in einem fast deliranten Ton).
Wer mich nur gehen sah, der mußt' es wissen!
Ging ich nicht anders? saß ich nicht zu Pferd
wie eine Selige? ich konnte Dich
und Deinen Bruder und dies schwere Haus
ansehn und mir war, als schwebte ich . . .
die vielen Bäume kamen mir entgegen,
mit Sonne drin entgegen mir getanzt . . .
Die Wege alle offen in der Luft
die schattenlosen Wege, überall
ein Weg zu ihm . . . Erschrecken war so süß!
aus jedem dunklen Vorhang konnte er,
aus dem Gebüsch, Gebüsch . . .
(Die Sprache verwirrt sich ihr vor Grauen, weil sie sieht, daß
Braccio den Vorhang hinter sich völlig zuzieht. Ihre Augen
sind übermäßig offen, ihre Lippen bewegen sich unaufhör-
lich.)
MESSER BRACCIO *(in einem Ton, den der Schauspieler finden*
muß: weder laut, noch leise, weder stark, noch schwach, aber
undurchdringlich).
Kam ich, Dein Mann, nun nicht zu dieser Zeit
in Dein Gemach, um eine Salbe mir
für meine wunde Hand zu holen – was,
mit Vorsatz, hättest Du sodann gethan?
DIANORA *(sieht ihn wirr an, begreift die neuerliche Frage nicht,*
greift sich mit der rechten Hand an die Stirne, hält ihm mit
der linken die Strickleiter hin, schüttelt sie vor seinen Augen,
läßt sie ihm vor die Füße fallen – ein Ende bleibt angebun-
den – schreiend).
Gethan? gewartet! so! gewartet, so!
(Sie schwingt wie eine Trunkene ihre offenen Arme vor sei-
nem Gesicht, wirft sich dann herum, mit dem Oberleib über

die Brüstung, streckt die Arme gegen den Boden; ihr Haar fällt vornüber.)

MESSER BRACCIO *(hat mit einer hastigen Bewegung ein Stück seines Unterärmels abgerissen und um die rechte Hand gewunden. Mit der Sicherheit eines wilden Tieres auf der Jagd faßt er die Leiter, die daliegt wie ein dünner dunkler Strick, mit beiden Händen, macht eine Schlinge, wirft sie seiner Frau über den Kopf und zieht den Leib gegen sich nach oben).*

Indessen ist der Vorhang schnell gefallen.

Das kleine Welttheater

oder

Die Glücklichen

Die Bühne stellt den Längsschnitt einer Brücke dar, einer gewölbten Brücke, so daß die Mitte höher liegt als links und rechts. Den Hintergrund bildet das steinerne Geländer der Brücke, dahinter der Abendhimmel und in größerer Ferne die Wipfel einiger Bäume, die Uferlandschaft andeutend.

Der Gärtner trägt ein Gewand von weißem Linnen, eine blaue Schürze, bloße Arme, Schuhe von Stroh. Der junge Herr einen dunkelgrünen Jagdanzug mit hohen gelben Stulpstiefeln. Das junge Mädchen ein halblanges Mullkleid, mit bloßen Armen, einen Strohhut in der Hand. Der Dichter einen dunklen Mantel. Alle im Geschmack der zwanziger Jahre des vorigen Jahrhunderts.

DER DICHTER.
Ich blieb im Bade, bis der Widerschein
des offnen Fensters zwischen meinen Fingern
mir zeigte, daß der Glanz der tiefen Sonne
von seitwärts in die goldnen Bäume fällt,
und lange Schatten auf den Feldern liegen.
Nun schreit' ich auf und ab den schmalen Pfad,
von weitem einem Vogelsteller gleichend,
vielmehr dem Wächter, der auf hoher Klippe
von ungeheuren Schwärmen großer Fische
den ungewissen Schatten sucht im Meer:
denn über Hügel, über Auen hin
späh ich nach ungewissen Schatten aus:
dort, wo ein abgebrochnes Mauerstück
vom Park die Buchen dämmernd sehen läßt,
dort hebt sich's an! Kehr ich die Schultern hin
und wende mich, den hellen Fluß zu sehen:

ich weiß drum doch, es regt sich hinter mir.
Mit leichten Armen teilen sie das Laub:
Gestalten! und sie unterreden sich.
O wüßt' ich nur, wovon! ein Schicksal ist's
und irgendwie bin ich darein verwebt.
Mich dünkt, sie bücken sich, mich dünkt, die Riemen
der Schuhe flechten sie für langen Weg ...
Mir schlägt das Herz bei ihrem Vorbereiten:
Seh' ich nun aber jenseits an den Hängen
nicht Pilger mühsam wie Verzauberte
hinklimmen und mit jeder Hecke ringen?
und mit geheimnisvoll Ermüdeten
ist jener Kreuzweg, sind die kleinen Wege
durch die Weingärten angefüllt: sie lagern
und bergen in den Händen ihr Gesicht ...
Doch an den Uferwiesen, doch im Wasser!
Von Leibern gleicher Farbe wie das Erz
sind funkelnd alle Wellen aufgewühlt;
sie freuen sich im Bad, am Ufer liegen
die schweren Panzer, die sie abgeworfen,
und andre führen jetzt die nackten Pferde,
die hoch sich bäumen, in die tiefe Welle.
Warum bewegen sich so fürchterlich
die Weidenbüsche? andre Arme greifen
daraus hervor, mit jenen nackten Schultern
seh ich vermischt Gepanzerte, sie kämpfen,
von Badenden mit Kämpfenden vermengt
schwankt das Gebüsch: wie schön ist diese Schlacht!
(Er wendet sich.)
Den Fluß hinab! da liegt der stille Abend.
Kaum ein verworrenes Getöse schwimmt
herab mit Blut und golddurchwirkten Decken.
Nun auch ein Kopf: am Ufer hebt sich einer
und mißt mit einem ungeheuren Blick

den Fluß zurück ... Warum ergreift's mich so,
den einen hier zu sehn? ... Nun läßt er sich
aufs neue gleiten, kein Verwundeter!
so selig ist er, wie ein wilder Faun,
der trunken aus dem Schiff des Bacchus sprang,
und mit den Augen auf dem Wasser schwimmt
er hin und fängt mit trunknen Blicken auf
die feuchten Schatten, durcheinanderkreisend,
halb sich entgegenhebend, Widerspiel
der hohen Wolken und des stillen Goldes,
das zwischen Kieseln liegt im Grund. Den Schwimmer
trifft nur der Schatten riesenhafter Eichen
von einer Felsenplatte überhängend:
er kann nicht sehn die Schöngekleideten,
die dort versammelt sind ... um was zu tun?
sie knieen nieder ... einen zu verehren?
vielmehr sie graben, alle bücken sich:
ist eine Krone dort? ist dort die Spur
von einem Mord verborgen? Doch der Schwimmer,
die Augen auf die Wellen, gleitet fort.
Will er hinab, bis wo die letzten Meere
wie stille leere Spiegel stehen? wird er,
sich mit der Linken an die nackte Wurzel
des letzten Baumes haltend, dort hinaus
mit unbeschreiblichem Erstaunen blicken?
Ich will nicht ihn allein, die andern will ich,
die auf den Hügeln wieder sehn, und schaudernd
im letzten Lichte spür ich hinter mir
schon wieder neue aus den Büschen treten.
Da bebt der Tag hinab, das Licht ist fort,
wie angeschlagne Saiten beb' ich selber.
(Die Bühne wird dunkler.)
Nun setz ich mich am Rand des Waldes hin,
wo kleine Weiher lange noch den Glanz
des Tages halten und mit feuchtem Funkeln

die offnen Augen dieser Landschaft scheinen:
wenn ich auf die hinsehe, wird es mir
gelingen, das zu fertigen, wofür
der Waldgott gern die neue Laute gäbe
aus einer Schildkrot, überspannt mit Sehnen:
ich meine jenes künstliche Gebild
aus Worten, die von Licht und Wasser triefen,
worein ich irgendwie den Widerschein
von jenen Abenteuern so verwebe,
daß dann die Knaben in den dumpfen Städten,
wenn sie es hören, schwere Blicke tauschen
und unter des geahnten Schicksals Bürde,
wie überladne Reben schwankend, flüstern:
»O wüßt ich mehr von diesen Abenteuern,
denn irgendwie bin ich darein verwebt
und weiß nicht, wo sich Traum und Leben spalten.«
(Der Dichter geht ab, der Gärtner tritt auf. Er ist ein Greis
mit schönen durchdringenden Augen. Er trägt eine Gieß-
kanne und einen kleinen Korb aus Bast.)

GÄRTNER.
Ich trug den Stirnreif und Gewalt der Welt
und hatte hundert der erlauchten Namen,
nun ist ein Korb von Bast mein Eigentum,
ein Winzermesser und die Blumensamen.

Wenn ich aus meinem goldnen Haus ersah
das Blumengießen abends und am Morgen,
sog ich den Duft von Erd und Wasser ein
und sprach: Hierin liegt großer Trost verborgen.

Nun gieß ich selber Wasser in den Mund
der Blumen, seh es in den Grund gesogen
und bin vom Schatten und gedämpften Licht
der ruhelosen Blätter überflogen,

wie früher von dem Ruhm und Glanz der Welt.
Der Boten Kommen, meiner Flotte Rauschen,
die goldnen Wächter, Feinde, die erblaßten:
Befreiung war's, dies alles umzutauschen

für diese Beete, dieses reife Lasten
der Früchte halbverborgen an Spalieren
und schwere Rosen, drin die goldig braunen
von Duft betäubten Bienen sich verlieren.

Noch weiß ich eines: Hier und dort sind gleich
so völlig, wie zwei Pfirsichblüten sind,
in einem tiefen Sinn einander gleich:
denn manchesmal, wenn mir der schwache Wind

den Duft von vielen Sträuchern untermengt
herüberträgt, so hab ich einen Hauch
von meinem ganzen frühern Leben dran,
und noch ein größres widerfährt mir auch:

daß an den Blumen ich erkennen kann
die wahren Wege aller Kreatur,
von Schwach und Stark, von Üppig oder Kühn
die wahre Art, wovon ich früher nur

in einem trüben Spiegel Spuren fand,
wenn ich umwölkt von Leben um mich blickte:
denn alle Mienen spiegelten wie Wasser
nur dies: ob meine zürnte oder nickte.

Nun aber webt vor meinen Füßen sich
mit vielen Köpfen, drin der Frühwind wühlt,
dies bunte Leben hin: den reinen Drang
des Lebens hab ich hier, nur so gekühlt,

wie grüne Kelche sich vom Boden heben,
so rein und frisch, wie nicht in jungen Knaben
zum Ton von Flöten fromm der Atem geht.
So wundervoll verwoben sind die Gaben

des Lebens hier: mir winkt aus jedem Beet
mehr als ein Mund wie Wunden oder Flammen
mit schattenhaft durchsichtiger Gebärde,
und Kindlichkeit und Majestät mitsammen.

(Er tritt ab, der junge Herr tritt auf, langsam, sein Pferd am Zügel führend.)

DER JUNGE HERR.

Ich ritt schon aus, bevor der Tau getrocknet war.
Die andern wollten mich daheim zu ihrem Spiel,
mich aber freut es so, für mich allein zu sein.
Am frühen Tage bin ich schon nicht weit von hier
dem Greis begegnet, der mir viel zu denken gibt:
ein sonderbarer Bettler, dessen stummer Gruß
so war, wie ihn vielleicht ein Fürst besitzen mag
von einer Art, wie ich von keinem freilich las:
der schweigend seine Krone hinwürf' und vor Nacht
den Hof verließ' und nie mehr wiederkäm'.
Was aber könnte einen treiben, dies zu tun?
Ich weiß, ich bin zu jung und kann die vielerlei
Geschicke nicht verstehn; vielmehr sie kommen mir
wie Netze und Fußangeln vor, in die der Mensch
hineingerät und fallend sich verfängt; ich will
so vielen einmal helfen, als ich kann. Schon jetzt
halt' ich mein Pferd vor jedem an, der elend scheint,
und wenn sie wo im Felde mähen, bleib ich stehn
und frage sie nach ihrem Leben und ich weiß
schon vielerlei, was meinen Brüdern völlig fremd.
Zu Mittag saß ich ab im dämmernden Gebüsch,
von Brombeer und von wilden Rosen ganz umzäunt,

und neben meinem Pferde schlief ich ein. Da fing
ich gleich zu träumen an. Ich jagte, war der Traum:
zu Fuß und mit drei großen Hunden trieb ich Wild,
gekleidet wie auf alten Bildern und bewaffnet
mit einer Armbrust, und vor mir der dichte Wald
war angefüllt mit Leben, überschwemmt mit Wild,
das lautlos vor mir floh. Nichts als das Streifen
der Felle an den Bäumen und das flinke Laufen
von tausenden von Klauen und von leichten Hufen
auf Moos und Wurzeln und die Wipfel droben dunkel
von stiller atemloser Flucht der Vögel. In getrennten
doch durcheinander hingemengten Schwärmen rauschten
Birkhähne schweren Flugs, das Rudern wilder Gänse,
und zwischen Ketten der verschreckten Haselhühner
                              schwangen
die Reiher sich hindurch und neben ihnen, ängstlich
den Mord vergessend, hasteten die Falken hin.
Dies alles trieb ich vor mir her, wie Sturm ein schwarzes
Gewölk und drängte alles einer dunklen Schlucht
mit jähen Wänden zu. Ich war vom Übermaß
der Freude über diese Jagd erfüllt und doch
im Innersten beklommen, und ich mußte plötzlich
an meinen Vater denken und mir war, als säh ich
sein weißes Haar in einem Brunnen unter mir.
Da rührte sich mein Pferd im Schlaf und sprang auf
                              einmal
zugleich auf die vier Füße auf und schnaubte wild,
und so erwachte ich und fühlte noch den Traum
wie dunkle Spinnweb um die Stirn mir hängen. Aber
                              dann
verließ ich diese dumpfe Kammer grüner Hecken und
                              mein Pferd
ging neben mir, ich hatte ihm den leichten Zaum
herausgenommen und es riß sich kleine Blätter ab.

Da schwirrten Flügel dicht vor mir am Boden hin:
ich bückte mich, doch war kein Stein im tiefen Moos,
da warf ich mit dem Zaum der Richtung nach und traf:
zwei junge Hühner lagen dort und eine Wachtel, tot,
in einem Wurf erschlagen mit der Trense. Sonderbar
war mir die Beute und der Traum umschwirrte mich so
                                                    stark,
daß ich den Brunnen suchte und mir beide Augen schnell
mit klarem Wasser wusch, und wie mir flüchtig da
aus feuchtem Dunkel mein Gesicht entgegenflog,
kam mir ein Taumel so, als würd ich innerlich
durch einen Abgrund hingerissen, und mir war,
da ich den Kopf erhob, als wär ich um ein Stück
gealtert in dem Augenblick. Zuweilen kommt,
wenn ich allein bin, solch ein Zeichen über mich:
und früher war ich innerlich bedrückt davon
und dachte, daß in meinem tiefsten Seelengrund
das Böse läg', und dies Vorboten wären, und
erwartete mit leiser Angst das Kommende.
Nun aber ist durch einen Gruß ein solches Glück
in mich hineingekommen, daß ich früh und spät
ein Lächeln durch die lichten Zweige schimmern seh
und statt die Brüder zu beneiden, fühl ich nun
ein namenloses stilles Glück allein zu sein:
denn alle Wege sind mir sehr geheimnisvoll
und doch wie zubereitet, wie für mich
von Händen in der Morgenfrühe hingebaut,
und überall erwarte ich den Pfad zu sehn,
der anfangs von ihr weg zu vieler Prüfung führt
und wunderbar verschlungen doch zu ihr zurück.
*(Er geht mit seinem Pferde ab. Nun ist völlige Dämmerung.
Der Fremde tritt auf; nach seiner Kleidung könnte er ein ge-
schickter Handwerker, etwa ein Goldschmied sein. Er bleibt
auf der Brücke stehen und sieht ins Wasser.)*

DER FREMDE.
   Dies hängt mir noch von Kindesträumen an:
ich muß von Brücken in die Tiefe spähen,
und wo die Fische gleiten über'n Grund,
mein' ich Geschmeide hingestreut zu sehen,

Geschmeide in den Kieselgrund verwühlt,
Geräte, drin sich feuchte Schatten fangen.
Wie Narben an dem Leib von Kindern wuchs
mit mir dies eingegrabene Verlangen!

Ich war zu klein und durfte nie hinab.
Nun wär ich stark genug, den Schatz zu heben,
doch dieses Wasser gleitet stark und schnell,
zeigt nicht empor sein stilles innres Leben.

Nur seine Oberfläche gibt sich her
gewaltig wie von strömendem Metalle.
Von innen treibt sich Form auf Form heraus
mit einer Riesenkraft in stetem Schwalle.

Aus Krügen schwingen Schultern sich heraus,
aus Riesenmuscheln kommt hervorgegossen
ein knabenhafter Leib, ihm drängt sich nach
ein Ungeheuer und ist schon zerflossen!

Lieblichen Wesen, Nymphen halb, halb Wellen,
wälzt eine dunkle riesige Gewalt
sich nach: mich dünkt, es ist der Leib der Nacht,
in sich geballt die dröhnende Gestalt:

nun wirft sie auseinander ihre Glieder
und für sich taumelt jedes dieser wilden.
Mich überkommt ein ungeheurer Rausch,
die Hände beben, solches nachzubilden,

nur ist es viel zu viel, und alles wahr:
eins muß empor, die anderen zerfließen.
Gebildet hab ich erst, wenn ich's vermocht
vom großen Schwall das eine abzuschließen.

In einem Leibe muß es mir gelingen
das Unaussprechlich-reiche auszudrücken,
das selige In-sich-geschlossen-sein:
Ein-Wesen ist's, woran wir uns entzücken!

Sei's Jüngling oder Mädchen oder Kind,
das lasse ich die schmalen Schultern sagen,
die junge Kehle, wenn sie mir gelingt,
muß jenes atmend Unbewußte tragen,

womit die Jugend über Seelen siegt.
Und der ich jenes Atmen ganz verstehe,
wie selig ich, der trinkt wo keiner trank
am Quell des Lebens in geheimer Nähe,
wo willig kühle unberührte Wellen
mit tiefem Klang dem Mund entgegenschwellen!

*(Tritt ab. Das junge Mädchen tritt auf. Sie ist noch ein halbes
Kind. Sie geht nur wenige Schritte, setzt sich dann auf den
steinernen Brückenrand. Ihr weißes leichtes Kleid schimmert
durch das Dunkel.)*

DAS MÄDCHEN.
Die Nacht ist von Sternen und Wolken schwer,
käm jetzt nur irgendeiner daher
und säng recht etwas Trauriges,
indes ich hier im Dunkeln säß!

DIE STIMME EINES BÄNKELSÄNGERS *(aus einiger Entfernung)*.
»Sie lag auf ihrem Sterbebett
und sprach: Mit mir ist's aus.
Mir ist zu Mut wie einem Kind,
das abends kommt nach Haus.

Das Ganze glitt so hin und hin
und ging als wie im Traum:
wie eines nach dem andern kam,
ich sterb und weiß es kaum!

Kein andrer war, wie der erste war:
da war ich noch ein Kind,
es blieb mir nichts davon als ein Bild,
so schwach, wie schwacher Wind.

Dem zweiten tat ich Schmerz und Leid
so viel an, als er mir.
Er ist verschollen: Müdigkeit,
nichts andres blieb bei mir.

Den dritten zu denken, bringt mir Scham.
Gott weiß, wie manches kommt!
nun lieg ich auf meinem Sterbebett:
wenn ich nur ein Ding zu denken hätt,
nur ein Ding, das mir frommt!«

DAS MÄDCHEN *(sie ist aufgestanden und spricht im Abgehen).*
Die arme Frau, was die nur meint?
Das ganze Lied ist dumm, mir scheint.
Schlaftrunken bin ich. Mir scheint, dort fällt
ein Stern. Wie groß ist doch die Welt!
So viele Sachen sind darin.
Mir käm jetzt manches in den Sinn,
wenn ich nur nicht so schläfrig wär ...
Mir kann doch alles noch geschehn!
Jetzt aber geh ich schon ins Haus,
ich ziehe mich im Dunkeln aus
und laß die Läden offen stehn!
Nun schläft der Vogel an der Wand,

ich leg den Kopf auf meine Hand
und hör dem lang noch singen zu.
Ich hör doch für mein Leben gern
so traurig singen, und von fern.
*(Geht ab. Es ist völlig Nacht·geworden. Der Wahnsinnige
tritt auf, jung, schön und sanft, vor ihm sein Diener mit einem Licht, hinter ihm der Arzt. Der Wahnsinnige lehnt sich
mit unbeschreiblicher Anmut an den Brückenrand und freut
sich am Anblick der Nacht.)*

DER DIENER.
Schicksal ist das Schicksal meiner Herrschaft,
von dem eignen sei mir nicht die Rede!
Dieser ist der Letzte von den Reichen,
von den Mächtigen der Letzte, hilflos.
Aufgetürmten Schatz an Macht und Schönheit
zehrte er im Tanz wie eine Flamme.
Von den Händen flossen ihm die Schätze,
von den Lippen Trunkenheit des Siegers,
laufend auf des Lebens bunten Hügeln!
Wo beginn ich, sein Geschick zu sagen?
Trug er doch gekrönt von wildem Feuer
schon in knabenhafter Zeit die Stirne:
und der Vater, der die Flüsse nötigt,
auszuweichen den Citronengärten,
der die Berge aushöhlt, sich ein Lusthaus
hinzubau'n in ihre kühle Flanke,
nicht vermag er, seinen Sohn zu bändigen.
Dieser dünkt sich Prinz und braucht Gefolge:
mit den Pferden, mit den schönen Kleidern,
mit dem wundervollen tiefen Lächeln
lockt er alle Söhne edler Häuser,
alles läuft mit ihm; den Papageien,
den er fliegen läßt, ihn einzufangen,
laufen aus den Häusern, aus den Gärten

alle, jeder läßt sein Handwerk liegen
und der lahme Bettler seine Krücke.
Und so wirft er denn aus seinem Fenster
seines Vaters Gold mit beiden Händen:
wenn das Gold nicht reicht, die goldnen Schüsseln,
edle Steine, Waffen, Prunkgewebe,
was Ihr wollt! Wie eine von den Schwestern
liebesblind, mit Fieberhänden schöpfend,
von den aufgehäuften Hügeln Goldes
alles gibt, die Wege des Geliebten
mit endloser Huldigung zu schmücken
– fremd ist ihr die Scheu wie einer Göttin –;
wie die andre Fürstengüter hingibt,
sich mit wundervollen Einsamkeiten
zu umgeben, Park und Blütenlaube
einer starren Insel aufzulegen,
mitten in den öden Riesenbergen
eigensinnig solchen Prunk zu gründen:
er vereinigt in den süßen Lippen,
in der strengen, himmelhellen Stirne
beider Schönheit, – in der einen Seele
trägt er beides: ungeheure Sehnsucht,
sich für ein Geliebtes zu vergeuden –
wieder königliche Einsamkeit.
Beides kennend, überfliegt er beides,
wie er mit den Füßen viele Länder,
mit dem Sinn die Freundschaft vieler Menschen
und unendliches Gespräch hindurch fliegt
und der vielen Frauen Liebesnetze
lächelnd kaum berührt und weiterrauscht.
Auf dem Wege blieben wie die Schalen,
leere Schalen von genoss'nen Früchten,
herrliche Gesichter schöner Frauen,
lockig, mit Geheimnissen beladen,

Purpurmäntel, die um seine Schultern
kühnerworb'ne Freunde ihm geschlagen.
Alles dieses ließ er hinter sich!
Aber funkelnde Erfahrung legte
sich um seiner Augen inn're Kerne.
Wo er auftritt, bringen kluge Künstler
ihm herbei ihr lieblichstes Gebilde;
mit den Augen, den beseelten Fingern
rührt er's an und nimmt sich ein Geheimnis,
das der Künstler selbst nur dunkel ahnte,
nimmt es atmend mit auf seinem Wege.

- - - - - - - - - - - - - - - - - - - -

Manchesmal an seinem Wege schlafend
oder sitzend an den dunklen Brunnen
findet er die Söhne oder Töchter
jener fremden Länder; neben ihnen
ruht er aus und mit dem bloßen Atmen,
mit dem Heben seiner langen Wimpern
sind sie schon bezaubert, und er küßt sie
auf die Stirn und freut sich ihres Lebens.
Denn er sieht ihr sanftes, stilles Leben,
mit dem stillen Wehen grüner Wipfel
sieht er es in ihren großen Augen.
Sie umklammern seine Handgelenke,
wenn er gehen will, und wie die Rehe
schauen sie voll Angst, warum er forteilt.
Doch er lächelt; und auf viele Fragen
hat er eine Antwort: mit den Augen,
die sich dunkler färben, nach der Ferne
winkend, sagt er mit dem strengen Lächeln:
»Wißt Ihr nicht? Dies alles ist nur Schale!
Hab' so viele Schalen fortgeworfen,
soll ich an der letzten haften bleiben?«
Und er treibt sein Pferd schon vorwärts wieder,

wie ihn selbst die rätselvolle Gottheit.
Seine Augen ruhen auf der Landschaft,
die noch nie ein solcher Blick getroffen:
zu den schönsten Hügeln, die mit Reben
an die dunklen, walderfüllten Berge
angebunden sind, zu schönen Bäumen,
hochgewipfelt seligen Platanen,
redet er: er will von ihnen Lächeln,
von den Felsen will sein starker Wille
eine atmend wärmere Verkündung,
alle stummen Wesen will er, flehend,
reden machen, in die trunkne Seele
ihren großen Gang verschwiegnen Lebens,
wie der Knaben und der Mädchen Leben,
wie der Statuen Geheimnis haben!
Und er weint, weil sie ihm widerstehen.
Diese letzte Schale wegzureißen,
einen unerhörten Weg zu suchen
in den Kern des Lebens, dahin kommt er.
In das einsamste von den Kastellen,
nur ein Viereck von uralten Quadern,
rings ein tiefer Graben dunklen Wassers,
nistet er sich ein. Das ganze Leben
läßt er draußen, alle bunte Beute
eines grenzenlos erobernden
jungen Siegerlebens vor dem Tore!
Nur die zaubermächtigen Geräte
und die tief geheimnisvollen Bücher,
die Gebildetes in seine Teile
zu zerlegen lehren, bleiben da.
Unbegreiflich ungeheure Worte
fängt er an zu reden und den Abgrund
sich hinabzulassen, dessen obrer
äußrer Rand an einer kleinen Stelle

von des Paracelsus tiefsten Büchern
angeleuchtet wird mit schwacher Flamme.
Und es kommen wundervolle Tage;
in der kahlen Kammer, kaum der Nahrung,
die ein zahmer Vogel nimmt, bedürftig,
wirft sich seine Seele mit den Flügeln,
mit den Krallen kühner als ein Greife,
wilder als ein Greife, auf die neue
schattengleiche, körperlose Beute.
Mit dem ungeheueren Gemenge,
das er selbst im Innern trägt, beginnt er
nach dem ungeheueren Gemenge
äußern Daseins gleichnishaft zu haschen.
Tausend Flammen schlagen ihm entgegen
da und da! in Leben eingekapselt,
und vor ihm beginnt der brüderliche
dumpfe Reigen der verschlungnen Kräfte
in der tiefsten Nacht mit glühndem Munde
unter sich zu reden: Wunderliches,
aus dem Herzblut eines Kindes quellend,
findet Antwort in der Gegenrede
eines Riesenblocks von dunklem Porphyr!
– – – – – – – – – – – – – – – – – – – –
Welcher Wahnsinn treibt mich, diesen Wahnsinn
zu erneuern! Ja, daß ich es sage:
Wahnsinn war das wundervolle Fieber,
das im Leibe meines Herren brannte! …
Nichts hat sich seit jenem Tag verändert,
mit den süßen hochgezognen Lippen
tauscht er unaufhörlich hohe Rede
mit dem Kern und Wesen aller Dinge.
Er ist sanft und einem Spiel zuliebe,
meint er, bleibt er noch in seinem Leibe,
den er lassen könnte, wenn er wollte –,

wie vom Rande einer leichten Barke
in den Strom hinab, und wenn er wollte,
in das Innre eines Ahornstammes,
in den Halm von einem Schilf zu steigen.
Nie von selber denkt er sich zu nähren
und er bleibt uns nicht an einem Orte:
Denn er will die vielen seiner Brüder
oft besuchen und zu Gast bei ihnen
sitzen, bei den Flüssen, bei den Bäumen
bei den schönen Steinen, seinen Brüdern.
Also führen wir ihn durch die Landschaft
flußhinab und hügelan, wir beide,
dieser Arzt und ich, wie nicht ein Kind ist
sanft und hilflos, diesen, dem die Schönen
und die Mächtigen sich dienend bückten,
wenn er hinlief auf des Lebens Hügeln,
Trunkenheit des Siegers um die Stirne.

DER ARZT.

Ich sehe einen solchen Lauf der Welt:
Das Übel tritt einher aus allen Klüften;
im Innern eines jeden Menschen hält
es Haus und schwingt sich nieder aus den Lüften:
auf jeden lauert eigene Gefahr
und nicht die Bäume mit den starken Düften
und nicht die Luft der Berge, kühl und klar,
verscheuchen das, auch nicht der Rand der See.
Denn eingeboren ist ihr eignes Weh
den Menschen: ja, indem ich so es nenne,
verschleir' ich schon die volle Zwillingsnäh,
mit der's dem Sein verwachsen ist, und trenne,
was nur ein Ding: denn lebend sterben wir.
Für Leib und Seele, wie ich sie erkenne,
gilt dieses Wort, für Baum und Mensch und Tier.
Und hier . . .

DER WAHNSINNIGE *(indem er sich beim Schein der Fackel in einem silbernen Handspiegel betrachtet).*
Nicht mehr für lange hält dieser Schein,
es mehren sich schon die Stimmen,
die mich nach außen rufen,
so wie die Nacht mit tausend Lippen
die Fackel hin und wieder zerrt:
ein Wesen immer gelüstet es nach dem andern!
Düstern Wegen und funkelnden nachzugehen,
drängt's mich auseinander, Namen umschwirren mich
und mehr als Namen: sie könnten meine sein!
Ich bin schon kaum mehr hier!
Ich fühl' schon auf der eigenen Stirn die Spur
der eignen Sohle, von mir selber fort
mich schwingend wie ein Dieb aus einem Fenster.
Hierhin und dorthin darf ich, ich bin hergeschickt,
zu ordnen, meines ist ein Amt,
des Namen über alle Namen ist.
Es haben aber die Dichter schon
und die Erbauer der königlichen Paläste
etwas geahnt vom Ordnen der Dinge,
der ungeheuren dumpfen Kräfte
vielfachen Mund, umhangen von Geheimnis,
ließen sie in Chorgesängen erschallen, wiesen ihm
gemessene Räume an, mit Wucht zu lasten,
empor zu drängen, Meere abzuhalten,
selbst urgewaltig, wie die alten Meere.
Schicksal aber hat nur der einzelne:
er tritt hervor, die ungewissen Meere,
die Riesenberge mit grünem Haar von Bäumen,
dies alles hinter ihm, nur so wie ein Gewebe,
sein Schicksal trägt er in sich, er ist kühn,
verfängt sich in Fallstricke und schlägt hin
und vieles mehr, sein Schicksal ist zehntausendmal

das Schicksal von zehntausend hohen Bergen:
der wilden Tiere Dreistigkeit und Stolz,
sehnsüchtige Bäche, der Fall von hohen Bäumen,
dies alles ist darin verkocht zehntausendmal.
(Hier tritt der Mond vor die Wolken und erleuchtet das Fluß-
bett.)
Was aber sind Paläste und die Gedichte:
traumhaftes Abbild des Wirklichen!
Das Wirkliche fängt kein Gewebe ein:
den ganzen Reigen anzuführen,
den wirklichen, begreift ihr dieses Amt?
Hier ist ein Weg, er trägt mich leichter als der Traum.
Ich gleite bis ans Meer, gelagert sind die Mächte dort
und kreisen dröhnend, Wasserfälle spiegeln
den Schein ergoßnen Feuers, jeder findet
den Weg und rührt die andern alle an –
mit trunknen Gliedern, ich, im Wirbel mitten,
reiß' alles hinter mir, doch alles bleibt
und alles schwebt, so wie es muß und darf!
Hinab, hinein, es verlangt sie alle nach mir!
(Er will über das Geländer in den Fluß hinab. Die beiden
halten ihn mit sanfter Gewalt. Er blickt, an sie gelehnt, und
ruft heiter, mit leisem Spott.)
Bacchus, Bacchus, auch dich fing einer ein
und band dich fest, doch nicht für lange!

Der weiße Fächer

Ein Zwischenspiel

Personen

DER PROLOG

FORTUNIO

SEINE GROSSMUTTER

LIVIO

MIRANDA

DIE MULATTIN } ihre Dienerinnen
CATALINA

DER EPILOG

DER PROLOG.
Merkt auf, Ihr guten Herrn und schönen Damen:
Nun kommt ein Spiel, das hat nicht größre Kraft
Als wie ein Federball. Sein ganzer Geist ist dies:
Daß Jugend gern mit großen Worten ficht
Und doch zu schwach ist, nur dem kleinen Finger
Der Wirklichkeit zu trotzen.
Und wie ein Federball, das Kinderspielzeug,
Den Vogel nachahmt, also ahmt dies Spiel
Dem Leben nach, meint nicht, ihm gleich zu sein,
Vielmehr für unerfahrne Augen nur
Erborgts ein Etwas sich von seinem Schein.
(Vor dem Eingang eines Friedhofes, nahe der Hauptstadt einer westindischen Insel. Kostüm der zwanziger Jahre vorigen Jahrhunderts. – Die linke Seite und den Hintergrund bildet die lebendige, mit Blüten bedeckte Hecke, die den Friedhof umsäumt. Sie hat an mehreren Stellen Eingänge. Dahinter sind kleine Hügel mit Fußwegen, hie und da Zypressen. Deutlich sieht man nur einen einzigen Grabhügel, links nahe dem Vordergrund. Auch er ist von einem Zelt blühender Kletterrosen verschleiert. – Fortunio und sein Freund treten von rechts auf.)

LIVIO.
Zuweilen muß ich staunen, wenn ich denk,
Daß du so jung, kaum älter wie ich selber,
Mich so viel Dinge lehren kannst. Mir ist,
Du mußt schon alles wissen, was es gibt.

FORTUNIO.
Ich weiß sehr wenig. Aber einen Blick
Hab ich getan ins Tiefre. Irgendwie erkannt:
Dies Leben ist nichts als ein Schattenspiel:

Gleit mit den Augen leicht darüberhin,
Dann ists erträglich, aber klammre dich
Daran, und es zergeht dir in den Fingern.
Auf einem Wasser, welches fließt, der Schatten
Von Wolken ist ein minder nichtig Ding,
Als was wir Leben nennen. Ehr und Reichtum
Sind lustige Träume in der Morgenfrüh,
»Besitz« von allen Wörtern ohne Sinn
Das albernste, von einem Schullehrer
Ersonnen, welcher meinte, jedem Wort
Müßt eins entgegenstehn, wie Weiß dem Schwarz,
Und so gebildet, weil Besessenwerden
Ein wirklich Ding.

LIVIO.

Du kennst das Leben gut und hast mich früher
So viel gelehrt. So mußt du dich ins Leben
Doch wieder finden, nicht in einen Schmerz
Dein Selbst verwühlen und an dieses Grab
Dich zäher ranken, als die Winde tut.

FORTUNIO.

Das aber will ich. Ich will besser sein
Als dieses Schattenspiel, darin die Rolle
Des Witwers auf mich fiel. Ob allzu jung,
Ich will sie spielen mit so großer Treue,
So bittrem Ernst ... Ein jeder kann sein Schicksal
So adeln als erniedern. Aufgeprägt
Ist keinem Ding sein Wert, es ist so viel,
Als du draus machst. An Dummen oder Narren
Rinnt alles ab wie Wasser, innrer Wert
Wird darin, wie du etwas nimmst, bewährt.

LIVIO.

Doch hast du mir gesagt, und nicht nur einmal:
Es ziemt uns nicht im Glück und nicht im Leid,
Die Hände in den Schoß zu legen. Tun

Und Denken, sagtest du, das sind die Wurzeln
Des Lebens, und es ziemt uns auszuruhn
Vom Tun im Denken, vom Denken dann im Tun.
Doch du verachtest nun die Anteilnahme
Am Menschlichen, und dies ist doch der Anfang
Und Weg zu allem Tun . . .

FORTUNIO.   So tu ich nicht!
Veracht ich meine Diener? Bin ich nicht,
Seit dieses schwere Schicksal auf mich kam,
Vor allen Edelleuten dieser Insel
Ein guter Herr? Frag meine weißen Diener,
Die Farbigen auf meinen Gütern frag!
Hab ich an dir nicht Freude, süßer Freund,
Mein zweites, liebres, wolkenloses Selbst?
So laß mir auch den Weg zu diesem Grab:
Er raubt mich ja nicht dir, er nimmt den Platz
Nur eben ein, den sonst der Frauendienst . . .

LIVIO.
Dies aber ists. Dies kannst du aus dem Leben
Nicht so mit Willkür . . .

FORTUNIO.   Lieber Freund, sei still!
Weißt du, was da sein muß, damit ein Mann . . .
Ich mein: weißt du das einzige Gewürz,
Das einzige, das niemals fehlen darf
In einem Liebestrank, das einzige Ding, woran
Der Zauber hängt . . .

LIVIO.   Ich weiß nicht, was du meinst.

FORTUNIO.
Geheimnis heißt das Ding. Sonst sei ein Weib
Schön oder häßlich, ob gemein, ob hoch,
Ob Kind, ob Messalina, dies ist gleich,
Doch ein Geheimnisvolles muß es sein,
Sonst ist sie nichts. Und das sind sie mir alle:
Geheimnislos . . . schal über alle Worte.

(Nicht ohne Bedeutung, aber ohne Absicht.)
Erlebte Dinge aus der Knabenzeit,
Kindische, halbvergeßne, die wie Trauben,
Am Weinstock übersehen, in mir hängen
Und dörren, sind nicht so geheimnislos,
Nicht ganz so ohne Reiz wie alles, was
Ich vor mir seh an solchen Möglichkeiten.
Sei still, ich bitte dich, es macht mich zornig.
(Er steht vor dem Grab, nur durch die Hecke getrennt.)
Hier liegt Geheimnis, hier liegt mein Geheimnis,
Und dächt ich mich zu Tod, ich schöpfts nicht aus!
Du hast sie doch gekannt und redest noch!

LIVIO.
Sie war sehr schön. Sie war so wie ein Kind.

FORTUNIO.
Sie war ein Kind, und wie bei einem Kind
Ein neugebornes Wunder jeder Schritt.
Wenn wir was reden, Livio, tauschen wir
Nur schale, abgegriffne Zeichen aus:
Von ihren Lippen kamen alle Worte
Wie neugeformt aus unberührtem Hauch,
Zum erstenmal beladen mit Bedeutung.
Mit unbefangnen Augen stand sie da
Und ehrte jedes Ding nach seinem Wert,
Gerechter als ein Spiegel; niemals dort
Mit Lächeln zahlend, wo das Lächeln nicht von selbst
Aus ihres Innern klarem Brunnen aufstieg;
Sich gebend wie die Blume unterm Wind,
Weil sie nichts andres weiß, und unberührt,
Ja unberührbar, keiner Scham bedürftig,
Weil Scham doch irgendeines Zwiespalts Kind
Und sie so völlig einig in sich selber.
Hätt ich ein Kind von ihr, vielleicht ertrüg ichs
Und käm einmal im Jahr an dieses Grab:
So – ist Erinnrung alles, was mir blieb.

(Die Großmutter und ihr Diener treten von rückwärts auf, aus dem Friedhof heraus. Sie ist eine schöne alte Frau; sie trägt ein langes Kleid aus Goldstoff mit eingewebten schwarzen Blumen und geht mit einem Stock. Der Neger trägt ihr Sonnenschirm und Fächer nach.)

DIE GROSSMUTTER.

Fortunio, wie gehts dir?

FORTUNIO.

Großmutter, was machst du hier?

GROSSMUTTER.

Eine schöne Frage! Unter der nächsten Zypresse ist deines Vaters, meines Sohnes Grab, und unter der zweitnächsten deines Großvaters, meines Mannes. In den Gräbern, auf deren Steinen du kaum mehr die Namen lesen kannst, liegen meine Freunde und Freundinnen. Ich hab hier mehr Gräber, die mich angehn, als du Zähne im Munde hast.

FORTUNIO.

Ich habe nur eines, aber das ist mir genug.

GROSSMUTTER.

Deine Frau war ein Kind. Sie spielt im Himmel Ball mit den unschuldigen Kindern von Bethlehem. Geh nach Hause.

FORTUNIO *(schweigt, schüttelt den Kopf)*.

GROSSMUTTER.

Wer ist der junge Herr?

FORTUNIO.

Mein Freund. Er heißt Livius und ist aus dem Hause Cisneros.

GROSSMUTTER.

Ich habe Ihre Großmutter gekannt, Señor. Sie war drei Jahre jünger als ich und viel schöner. Ich war einmal sehr eifersüchtig auf sie … Er hat hübsche Augen: wenn er zornig ist, müssen sie ganz dunkel werden: so waren

die Augen seiner Großmutter auch ... Was sind das für
Vögel, Señor?

LIVIO.

Wo, gnädige Frau?

GROSSMUTTER.

Dort auf den Weidenbüschen.

LIVIO.

Ich glaube Lerchen, gnädige Frau.

GROSSMUTTER *(mit einem leisen, sehr anmutigen Spott).*

Nein, Señor, es sind Meisen, Lerchen sitzen nie auf Büschen. Lerchen sind entweder hoch in der Luft oder ganz
am Boden zwischen den Schollen. Lerchen sitzen nie auf
Büschen. Ein Maulesel ist kein Jagdpferd und ein Kolibri
kein Schmetterling. Ihre Augen sind hübsch, aber Sie haben sie umsonst im Kopf. Was sind das für junge Leute?
Haben Sporen an den Füßen und schleichen hier herum
und bleiben an den Grabsteinen hängen. Hier gehören
solche Kleider her wie meines, das alle welken Blätter
mitnimmt und die schmalen Wege reinfegt. Laßt die Toten ihre Toten begraben. Was steht ihr hier und dämpft
eure hübschen jungen Stimmen und flüstert wie die
Nonne am Gitter? Komm, Fortunio, gehen wir nach
Haus. Ich will bei dir nachtmahlen.

FORTUNIO.

Nein, Großmutter, ich möchte noch hierbleiben. Komm
morgen zu Tisch zu mir.

GROSSMUTTER.

Wie alt bist du, Fortunio?

FORTUNIO.

Bald vierundzwanzig, Großmutter.

GROSSMUTTER.

Du bist ein Kind, und diese übermäßige Trauer ist in
dir so wenig an ihrem rechten Platz, als wenn einer eine
Zypresse in einen kleinen, irdenen Topf voll lockerer
Gartenerde einsetzen wollte.

FORTUNIO.

Wie stark man einen Verlust betrauert, richtet sich nicht nach dem Alter, sondern nach der Größe des Verlustes.

GROSSMUTTER.

Ich war ein Jahr älter, wie du jetzt bist, als ich deines Großvaters Frau wurde. Du weißt, daß ich schon vorher mit einem anderen vermählt war. Die Leiche meines Mannes brachten sie mir eines Tages ins Haus, als ich mit dem Essen auf ihn wartete, und am gleichen Tag sah ich die Leichen meiner beiden Brüder.

LIVIO *(sieht sie an)*.

GROSSMUTTER.

Es war im Mai 1775, Señor.

FORTUNIO.

Ich habe kein Kind von ihr, nichts. Als sie den Sarg aufhoben, trugen sie alles weg.

GROSSMUTTER.

Dein Großvater und ich, wir waren zehn Jahre verbannt. Als uns das Schiff wegtrug, standen wir mit großen, trockenen Augen, solange wir die Küste sahen. Auf einmal sank der letzte Hügel in das goldfarbene Meer wie ein schwerer dunkler Sarg. Wir waren Bettler, ärmer als Bettler, denn wir hatten nicht einmal unsere Namen: und dort in dem Steinsarg war alles, unsere Eltern, unsere Kinder, unsere Häuser, unsere Namen ... Wir waren wie Schatten.

FORTUNIO.

Sie war das schuldloseste kleine Wesen auf der Welt. Warum hat sie sterben müssen?

GROSSMUTTER.

Ich habe junge Frauen aus den ersten Familien des Landes ihre Ehre an einen Elenden verkaufen sehen, um ihre Männer vor dem Galgen und ihre Kinder vor dem Verhungern zu retten. Du hast sehr wenig erlebt, Fortunio.

FORTUNIO *(schweigt).*

GROSSMUTTER.

Ich habe viel erlebt. Ich weiß, daß der Tod immer da ist.
Immer geht er um uns herum, wenn man ihn auch nicht
sieht; irgendwo steht er im Schatten und wartet und erdrückt einen kleinen Vogel oder bricht ein welkes Blatt
vom Baum. Ich habe fürchterliche Dinge gesehen. Aber
nach alledem hab ich das Leben lieb, immer lieber. Ich
fühl es jetzt selbst dort, wo ich es früher nicht gefühlt
habe, in den Steinen am Boden, in den großen, schwerfäl-
ligen Rindern mit ihren guten Augen. Geh, geh, du wirst
erst lernen es liebhaben.

FORTUNIO.

Ich weiß nicht, Großmutter.

GROSSMUTTER *(sich von ihm abwendend, zu ihrem Diener).*

Domingo, gib das Vogelfutter. Nicht das, das mögen sie
nicht, diese Kleinen. Die Körner gib her!

(Sie füttert einen Schwarm kleiner Vögel. Pause.)

GROSSMUTTER.

Da!

(Auf einmal flattern die Vögel weg.)

Habt ihrs gehört?

LIVIO.

Es war wie das Weinen eines ganz kleinen Kindes.

FORTUNIO.

Es muß ein Vogel gewesen sein.

GROSSMUTTER.

Ein Vogel! So hast du das noch nie in deinem Leben gehört? Ein junges Kaninchen wars, das von einem Wiesel
gefangen wird. Was hast du mit deinen Bubenjahren an-
gefangen, Fortunio, daß du das nicht kennst! Dir waren
damals deiner Cousine Miranda kleine seidene Schuhe
wichtiger als die Fährte von einem Hirsch am Waldrand,
lieber, beim Ballspielen ihr Kleid anzurühren, als bei der

Hirschhetze mit der Stirn an feuchten, raschelnden Zweigen hinzustreifen. So hast du dir damals das vorwegge-
nommen, was für später gehört, und was du damals versäumt hast, holst du nie wieder nach. Was ist Jugend für
ein eigensinniges Ding! Wie der Kuckuck, der aus allen
Nestern das hinauswirft, was hineingehört, um seine
eigenen Eier dafür hineinzulegen. Ihr jungen Leute habt
etwas an euch, das einen leicht ungeduldig machen
könnte. Wie ein Schauspieler seid ihr, der sich seine Rolle
aus dem Stegreif selber dichtet und auf keine Stichwörter
achtgibt. Später wird das anders. Alles, was du im Kopf
hast, ist altkluges Zeug. Laß das sein, Fortunio. Willst du
jetzt mitkommen?

FORTUNIO.
    Nein, ich möchte lieber hierbleiben.

GROSSMUTTER.
    So kommen Sie mit mir, Señor. Ich glaube, eine alte Frau
    ist noch weniger langweilig als dieser junge Herr. Ich
    werde Ihnen eine Geschichte erzählen. Was für eine wol-
    len Sie, eine Liebesgeschichte oder eine Jagdgeschichte?
    (Livio gibt ihr den Arm; sie gehen fort, der Diener hinter
    ihnen.)

LIVIO (im Abgehen).
    Leb wohl, Fortunio.

FORTUNIO.
    Gute Nacht, Livio.
    (Sie verschwinden zwischen den Bäumen rechts.)

FORTUNIO (allein).
    Wer mich verwirren will, wie gut ers meint
    Und ob ers selbst nicht weiß, der ist mein Feind.
    Erinnerung ist alles, was mir blieb:
    Wer mich verwirrt, verstört mir auch dies letzte.
    Doch dieses Grabes Nähe ist sehr stark,
    Und wie aus einem dunklen, tiefen Spiegel

Steigt die Vergangenheit herauf, so lieblich,
So jenseits aller Worte, unbegreiflich
Wie Rosen, unergründlich wie die Sterne!
Wenn dies Altklugheit ist, so will ich nie
Die wahre Klugheit lernen. Nein, ich will
Nichts andres lernen, als nur mir vorstellen,
Wie sie da saß ... und da ... am Weinberg wars
Das letztemal! Sie hatte offnes Haar ...
Sie sagte: »Still« ... da sah ich eine Maus,
Die kam und unter einem gelben Weinblatt
Vergeßne Beeren stahl und mühsam trug.
*(Er geht durch die Hecke, setzt sich neben dem Grabe nieder,
die Kletterrosen verdecken ihn, doch nicht völlig. Miranda
und die Mulattin treten auf, von rechts. Miranda trägt ein
weißes Mullkleid mit schwarzem Samt.)*

MIRANDA.
Ich verbiete dir, zu mir von diesen Dingen zu sprechen,
Sancha. Es mag Witwen geben, die solche Reden gerne
hören, ich gehöre nicht zu ihnen.

MULATTIN.
Ich kann auch schweigen, aber niemand wird mich hin-
dern, im stillen davon überzeugt zu sein, daß ich recht
habe und daß die übermäßige Einsamkeit schuld an dieser
Traurigkeit, an diesen plötzlichen Anfällen von Beklem-
mung ist.

MIRANDA.
Damit du dir auch nicht einmal einbildest, recht zu haben, obwohl mir das natürlich ganz gleichgültig ist, so
will ich dir sagen, was schuld daran ist, daß ich so plötzlich habe anspannen lassen und in der großen Hitze hier
hereingefahren bin, um das Grab meines Mannes zu besuchen. Ein Traum, den ich heute nacht geträumt habe,
hat mich so beängstigt. Mir träumte, ich stünde am Grabe
meines Mannes. Es war ganz mit frischen Blumen be-

streut, so wie ich dem Gärtner befohlen habe, es täglich
zu bestreuen. Die Blumen waren unbeschreiblich schön,
sie leuchteten wie lebendige Lippen und Augen. Auf einmal beugte ich mich hinab und sah, daß unter den Blumen wirklich Lippen und Augen hervorleuchteten. Es
war das Gesicht meines seligen Mannes, jugendlicher, als
ich es je gekannt habe, funkelnd von Frische und Leben,
und kleiner, dünkt mich, als in der Wirklichkeit. Dann
fingen die Blumen zu welken an, ihre Ränder verdorrten,
die Kelche schrumpften zusammen, und auch das Gesicht
schien zu welken, schrumpfte zusammen, ich konnte es
nicht mehr deutlich sehen. Es war ganz bedeckt mit welken Blüten. Ich hatte meinen weißen Fächer in der Hand
und wehte die Blumen auseinander, um das Gesicht wieder zu sehen. Raschelnd flogen sie auseinander wie dürre
Blätter, aber das Gesicht war nun nicht da; der Grabhügel
leer, kahl und staubtrocken. Und mir war, als ob ich ihn
aus meinem Fächer trockengefächelt hätte, und darüber
fing ich so zu weinen an, daß ich erwachte.

MULATTIN.

Aber es war doch nichts so Schlimmes, gnädige Frau.

MIRANDA.

Du kannst nicht wissen, warum mich das so entsetzlich
berührt. Du weißt nicht, womit das zusammenhängt.

MULATTIN.

Aber ich weiß, wo solche Träume herkommen. Ich wun-
dere mich, daß die gnädige Frau nicht jede Nacht etwas
Entsetzliches träumt. Unser Haus ist der traurigste Auf-
enthalt, den man sich vorstellen kann. Die Öde der Tage
nur abgelöst von der Öde der Nächte. Der totenstille
Garten mit den wenigen starren Bäumen und den ver-
wilderten Lauben. Die Teiche ohne Wasser, nahebei das
leere Flußbett, das im Mond blinkt wie die Wohnung des
Todes. Draußen die schweigende blendende Glut und in-

nen die grabdunkeln Zimmer. Und alle kühlen heim-
lichen Kammern, die Terrassen, das Lusthaus, alles ver-
sperrt ...

MIRANDA.

Du weißt, daß ich es so haben will. Jetzt kannst du hier
stehenbleiben und mich erwarten.

MULATTIN.

Ich möchte, wenn die gnädige Frau erlaubt, lieber der Catalina entgegengehen. Sie ist vom Land, sie kann den Weg
leicht verfehlen.

MIRANDA.

Gut. Wartet dann beide hier auf mich. Aber zuerst gib
mir noch meinen Fächer.

MULATTIN *(gibt ihr, unter einem Schal hervor, einen weißen
Fächer).*

MIRANDA *(zornig).*

Der weiße! Hab ich dir nicht befohlen, einen anderen zu
nehmen?

MULATTIN.

Die gnädige Frau ist schon im Wagen gesessen, und alle
anderen Fächer sind in der rückwärtigen Kleiderkammer
eingesperrt.

MIRANDA *(gibt ihn zurück).*

So will ich lieber gar keinen.

(Nimmt ihn wieder.)

Nein, ich will ihn nur nehmen. Man muß solchen Träu-
mereien gleich im Anfang widerstehen, sonst bekommen
sie zu große Gewalt.

*(Die Mulattin geht ab. – Miranda will langsam den gewun-
denen Weg nach rückwärts gehen. Im gleichen Augenblick ist
Fortunio aus der Hecke herausgetreten. Er geht mit gesenktem Kopf und sieht sie erst an, wie er dicht vor ihr steht.)*

FORTUNIO.

Miranda!

MIRANDA.

Wir haben uns lange nicht gesehen, Vetter. Aber es ist ganz natürlich, daß wir uns hier treffen. Du kommst vom Grab deiner Frau, und ich gehe zum Grab meines Mannes.

FORTUNIO.

Ich erinnere mich an den Brief, den du mir nach dem Tod meiner Frau geschrieben hast. Ich weiß nicht, was für Worte du gebrauchtest, aber er hatte etwas Sanftes, Freundliches und zugleich etwas so Fernes.

MIRANDA.

Ich erinnere mich kaum deiner, wie du beim Leichenbegängnis meines Mannes in meinem Hause warst. Es waren so viele Verwandte da. Du standest eine lange Weile hinter mir, und ich hatte es nicht bemerkt; erst als du weggingst, wurde ich dich gewahr und auch nicht dich selber, sondern nur in dem marmornen Pfeiler neben mir den hellen Schatten deines Gesichts und den dunkeln deiner Kleidung, die sich lösten und fortglitten.

FORTUNIO.

Das ist sonderbar: auch ich erinnere mich an den blassen Schatten deines Gesichts und an den dunkeln deines Kleides, der über den marmornen Pfeiler schwebte.

MIRANDA (mit schwachem Lächeln).

Das paßt zu uns: wir waren füreinander immer nur wie Schatten.

FORTUNIO.

Warum sagst du das?

MIRANDA.

Findest du nicht, daß es wahr ist?

FORTUNIO.

Du meinst, in unserer Kinderzeit?

MIRANDA.

Ja, ich meine in der früheren Zeit, bevor wir uns verheirateten.

FORTUNIO.

Bevor du dich verheiratetest.

MIRANDA.

Und du. Es war fast gleichzeitig. Gleichviel. Aber Schatten ist vielleicht nicht das richtige Wort. Es war nichts Düsteres dabei. Nur so etwas Unbestimmtes, etwas unsäglich Unbestimmtes, Schwebendes. Es war wie das Spielen von Wolken in der dämmernden Luft im Frühjahr.

FORTUNIO.

Wolken, aus denen nachher kein Gott hervortrat.

MIRANDA.

Und keine Göttin.

(Pause.)

Es ist töricht, auf vergangene Dinge zurückzukommen, nicht wahr?

FORTUNIO *(schweigt)*.

MIRANDA.

Verzeih, es war sehr ungeschickt von mir und überflüssig. Du kannst versichert sein, daß ich in allen diesen Jahren an diese Dinge nicht gedacht habe.

FORTUNIO *(schweigt)*.

MIRANDA.

Es scheint, daß wir uns nicht viel zu sagen haben. Und es wird spät. Leb wohl, Fortunio.

(Will gehen.)

FORTUNIO.

Miranda, was war dein Mann für ein Mensch?

MIRANDA *(sieht ihn groß an)*.

FORTUNIO.

Nein, sieh mich nicht so an. Ich wollte nichts sagen, was dich kränkt. Ich meine: ich habe ihn sehr wenig gekannt. Er muß eine große Gewalt über dich gehabt haben. Er hat dich sehr verändert.

MIRANDA.

Ich weiß nicht, ob er es ist, der mich so verändert hat.

FORTUNIO.

Es kann auch das Alleinsein schuld sein.

MIRANDA.

Ja: er, sein Tod, das Alleinsein, alles zusammen. Aber gerade du kannst das kaum bemerken. Du mußt doch fast gar nichts von mir wissen, wie ich früher war. Es ist unmöglich, daß du etwas Wirkliches weißt.

FORTUNIO.

Ich weiß nicht ...

MIRANDA.

Es gibt Augenblicke, die einen um ein großes Stück weiterbringen, Augenblicke, in denen sich sehr viel zusammendrängt. Es sind die Augenblicke, in denen man sich und sein Schicksal als etwas unerbittlich Zusammengehöriges empfindet.

FORTUNIO.

Du hast viele solche Augenblicke erlebt? ...

MIRANDA.

Es waren einige in den Tagen, bevor mein Mann sterben mußte. Einmal, da wars gegen Abend. Ich saß bei seinem Bett und hatte eine Menge Bücher und wollte ihm vorlesen. Ich nahm zuerst die Schriften der heiligen Therese in die Hand, aber das Buch beängstigte mich: mir war, als stünde in jeder Zeile etwas vom Tod. Ich legte es weg und fing an, die Geschichte von Manon Lescaut vorzulesen. Während ich las, fühlte ich seine Augen auf mir und fühlte, daß er etwas sagen wollte. Ich hielt inne: er sah mich mit einem unbeschreiblich schüchternen Blick an und machte gegen das Buch hin eine Handbewegung, eine ganz kleine Handbewegung. Aber es lag alles darin, was er sagen wollte: Was kümmert mich dieser junge Mensch und seine Geliebte, ihre Soupers

und ihre Betrügereien, ihre Tränen und ihre Verliebt-
heit, was kümmert das alles mich, da ich doch s t e r b e n
muß! Ich legte das Buch weg. Es schien noch etwas in
seinen Augen zu liegen, etwas, eine Bitte, eine Frage. Ich
fühlte in diesem Augenblick, da dieser Blick auf mir
ruhte, die entsetzliche Gewalt der Wirklichkeit. Ich kann
es dir nicht anders sagen. Ich fühlte, daß ich ihn mit einem Zucken meiner Augenlider in einen Abgrund wer-
fen konnte, wie der Ertrinkende versinken muß, wenn
du ihm die Finger abschlägst, mit denen er sich an ein
Boot klammert. Ich fühlte, daß, wenn ich jetzt auf-
stünde, mein erster Schritt mich Tausende von Meilen
von ihm wegtragen würde. Ich konnte diesen Blick nicht
ertragen, mir war, als dauerte es schon Stunden, daß ich
so dasäße.

FORTUNIO.
Arme, du hast viel gelitten.

MIRANDA.
Ich murmelte irgend etwas, ich weiß nicht was. Nur das
weiß ich, daß es dann irgendwie so kam, daß er darauf
antwortete: »Laß, laß . . . aber solange die Erde über meinem Grab nicht trocken ist, wirst du an keinen andern
denken, nicht wahr . . .«, und während er das sagte, wech-
selte der Ausdruck in seinem Gesicht in einer fürchter-
lichen Weise, seine armen Augen nahmen etwas Kaltes,
fast Feindseliges an, und er lächelte schwach, wie in Verachtung.
(Sie sieht vor sich nieder. Beide schweigen.)

FORTUNIO *(nach einer Pause)*.
Und jetzt bist du völlig allein?

MIRANDA *(schweigt, sieht ihn zerstreut an)*.

FORTUNIO.
Du mußt dich sehr verändert haben, daß du das erträgst.

MIRANDA *(schweigt)*.

FORTUNIO.

Du warst das anschmiegendste kleine Wesen, das ich je gekannt habe. Du konntest nie allein sein. Selbst gegen deinen Vater warst du wie gegen einen Bräutigam.

MIRANDA *(sehr kalt).*

Mein Vater hat jetzt seine zweite Frau, er braucht mich nicht. Ich muß jetzt gehen, Fortunio, mein Wagen und meine Dienerinnen warten auf mich.

(Sie geht.)

FORTUNIO.

Leb wohl.

(Geht gegen rechts. – Wie sie schon ein paar Schritte aneinander vorüber sind, wendet Fortunio sich um.)

FORTUNIO.

Miranda!

MIRANDA *(bleibt stehen. Sie stehen jetzt weiter auseinander als früher. Sie sieht ihn fragend an).*

FORTUNIO.

Ich möchte dir etwas sagen, Miranda.

MIRANDA.

Ich höre.

FORTUNIO.

Höre mich an, Miranda. Ich weiß, du bist das hochmütigste Geschöpf unter der Sonne, und es ist schwer, dir einen Rat zu geben. Hör mich an: Wir würden uns alle sehr freuen, zu hören, daß du dein Leben änderst.

MIRANDA.

Wer das? Unsere Verwandten? Um die kümmere ich mich nicht. Du?

FORTUNIO.

Auch ich.

MIRANDA.

Du lügst ... verzeih, ich meine, du übertreibst. Wann hättest du dich um mein Leben bekümmert ... so wenig

als ich mich um das deine! ... Und was ist es, das dir an
meinem Leben mißfällt?

FORTUNIO.

Miranda, dein Leben sieht dem Leben einer büßenden
Nonne ähnlicher als dem Leben einer großen Dame. Ich
weiß, ich weiß, was du mir sagen willst, aber du hast
nicht recht, bei Gott, du hast nicht recht, Miranda! Du
machst dich schuldig, auf eine geheimnisvolle Weise
schuldig.

MIRANDA.

Gegen wen?

FORTUNIO.

Es gibt Verschuldungen gegen das Leben, die der gemeine
Sinn übersieht: aber sie rächen sich furchtbar.

MIRANDA.

Was hat das alles mit mir zu tun, Vetter?

FORTUNIO.

Sehr viel hat das mit dir zu tun, Miranda. Das Leben trägt
ein ehernes Gesetz in sich, und jedes Ding hat seinen
Preis: auf der Liebe stehen die Schmerzen der Liebe, auf
dem Glück des Erreichens die unendlichen Müdigkeiten
des Weges, auf der erhöhten Einsicht die geschwächte
Kraft des Empfindens, auf der glühenden Empfindung
die entsetzliche Verödung. Auf dem ganzen Dasein steht
als Preis der Tod. – Dies alles aber unendlich feiner, unendlich wirklicher, als Worte sagen können. – Um das
kann keiner herum; unaufhörlich zahlt jeder mit seinem
Wesen, und so kann keiner Höheres, als ihm ziemt, um
billigeren Preis erkaufen. Und das geht bis in den Tod:
die marmornen Stirnen zerschlägt das Schicksal mit einer
diamantenen Keule, die irdenen einzuschlagen nimmt es
einen dürren Ast.

MIRANDA *(lächelnd)*.

Du redest wie ein Buch, Fortunio.

FORTUNIO *(einen Schritt näher zu ihr tretend).*

Aber es gibt hochmütige, eigensinnige Seelen, die mehr für ein Ding bezahlen wollen, als das Leben verlangt. Die, wenn das Leben ihnen eine Wunde schlägt, schreien: ich will mir weh tun! und in die Wunde greifen und sie aufreißen wie einen blutenden Mund. Die in ihr Erlebtes sich verbeißen und verwühlen wie die Hunde in die Eingeweide des Hirsches. Und an diesen rächt sich das Dasein, so wie es sich immer rächt: Zahn um Zahn, Auge um Auge.

MIRANDA *(sieht ihn an).*

FORTUNIO *(indem er ihre Hand ergreift und gleich wieder fallen läßt).*

Du hast keine Kinder, Miranda. Irgendwo wachsen die Blumen, die danach beben, von diesen Händen gepflückt zu werden. Das Echo in deinen Gärten wartet auf deine Stimme wie ein leerer Becher auf den Wein. Irgendwo steht ein Haus, über dessen Schwelle du treten sollst wie das Glück.

MIRANDA.

Irgend auf einer Wiese laufen zwei Fohlen. Vielleicht wird eines davon einmal deinen Leichenwagen ziehn, eines den meinigen. Man kann denken, was man will.

FORTUNIO.

Du bist ein Kind, Miranda. Diese übermäßige Traurigkeit hängt an dir wie eine ungeheure Liane an einem kleinen Baum. Du bist schöner, als du je warst.

(Alles dies spricht er weder feurig, noch süß, sondern ruhig-eindringlich, wie vor einem schönen Bilde.)

Es ist etwas um dich wie ein Schatten, etwas, das ich nie an einer Frau bemerkt habe. Der Mann, dem du gehören wirst, der mit seinen Armen dich umschlingen wird statt dieses häßlichen schwarzen Gürtels, der wird etwas Traumhaftes besitzen, etwas wie den Schmuck aus einer

rosenfarbenen und einer schwarzen Perle, den die Könige
des Meeres tragen. Es werden Stunden kommen, wo ihn
sein Glück beängstigen wird wie ein innerliches übermä-
ßiges Schwellen.

MIRANDA.

Warum redest du so mit mir, Fortunio? Du meinst nichts
von dem, was du redest. Es ist nichts an mir, es ist nichts
um mich, als daß ich zwei Jahre geschwiegen habe. Welche Freude macht es dir, mich zu verwirren? Aber so bist
du. Du warst immer so. Wenn ich fröhlich gewesen wäre,
hättest du dein Vergnügen gefunden, mich traurig zu machen. Es gibt eine Art, sich um einen Menschen zu be-
kümmern, die viel verletzender ist als die völlige Nicht-
achtung, und das ist die deinige! Du redest über einen
Menschen wie über einen Baum oder einen Hund. Du
nennst mich hochmütig, und es gibt auf der ganzen Welt
keinen hochmütigeren Menschen als dich. Du bist nicht
gut, Fortunio. Leb wohl!
*(Sie hat Tränen in den Augen, wendet sich schnell und geht
weg in den Hintergrund, wo sie verschwindet.)*

FORTUNIO *(allein)*.

Wie sehr geheimnisvoll, daß aus jenem verwöhnten ei-
gensinnigen Kind diese Frau geworden ist. Und dieses
ganze Abenteuer, es ist fast nichts, und doch verwirrt es
mich. Man muß sich in acht nehmen, denn Fast-nichts,
das ist der ganze Stoff des Daseins. Worte, gehobene
Wimpern und gesenkte Wimpern, eine Begegnung am
Kreuzweg, ein Gesicht, das einem andern ähnlich sieht,
drei durcheinandergehende Erinnerungen, ein Duft von
Sträuchern, den der Wind herüberträgt, ein Traum, den
wir vergessen glaubten . . . anderes gibt es nicht. Solch ein
Schattenspiel ist unser Leben und Sterben.
*(Er kehrt auf seinen früheren Platz zurück, mit den Augen
am Boden.)*

Hier stand sie zuerst. Hier schien sie mir ganz anders: biegsam und kühl wie junge Weiden am Morgen. Hier aber flog etwas über sie hin, wofür ich keinen Namen weiß. Es war wie der Schatten des Lebens, ein Schatten, der durch verschlungene Äste hindurchgedrungen ist, beladen mit dem Schein von vielen reifen Früchten. Wer sie besäße, dem käme zu jeder Stunde eine andere entgegen.
(Die Mulattin und eine andere Dienerin treten von rechts auf.)
Was tu ich hier? Was such ich hier im Sand, sieben Schritte von meiner Frau Grab, die Spuren einer andern!
(Zornig.)
Wär ich vielleicht froh, wenn ich sie mit den meinen vermischt fände, wie auf der Tenne, wenn die Bauern tanzen! Vielleicht hier ... vielleicht da ... vielleicht auf meiner Frau Grab!
(Er bemerkt die Dienerinnen, steht einen Augenblick verwirrt, geht rasch ab.)
MULATTIN *(sieht ihm nach).*
Ein hübscher junger Herr!
DIE WEISSE *(steht ein wenig weiter im Hintergrund).*
MULATTIN.
Du, was machst du denn dort, du weinst ja!
Ja, sie weint. Catalina!
CATALINA.
Laß mich, Sancha.
MULATTIN.
Ein Brief vom Dorf?
CATALINA.   Ich hab schon lange keinen.
MULATTIN.
Was denn?
CATALINA.   Du lachst mich doch nur aus.
Ich weiß nicht, dort muß wo ein Strauch von Geißblatt ...
Riechst du den Duft?

MULATTIN.   Das wars?
CATALINA.   Wir haben einen
  Zu Haus, nicht einen, eine ganze Laube.
MULATTIN.
  Und dann?
CATALINA.   Sonst nichts, mir fiel nur alles ein:
  Jetzt ist es Abend, und der Vater spannt
  Die Rinder aus: das weiße geht voran
  Zum Brunnen, und das rote geht ihm nach.
  Der lahme Verrueco kommt, sein Nachtmahl
  Stellt ihm die Mutter vor die Tür.
MULATTIN.   Das wars
  Noch nicht, um was du weintest.
CATALINA.
  Von meinem Bruder reden sie, der jetzt
  Soldat ist, auch von mir, und wies mir geht.
MULATTIN.
  Das wars nicht, Catalina: bei der Laube
  Von Geißblatt fiel dir ganz was andres ein,
  Und um was andres weinst du jetzt, mein Kind.
CATALINA.
  Woher denn weißt dus?
MULATTIN.   Das ist nicht so schwer.
CATALINA.
  Nun ja, sie schrieben mir – – –
  (Sie weint heftig, aber still in sich.)
MULATTIN.
  Er läuft 'ner andern nach! O große Sorgen!
  Meinst du vielleicht, du findest keinen andern?
  Wie ich so alt wie du war, war ich auch
  Verliebt wie eine Katze. Jeden Monat
  In einen andern, aber jedesmal
  Die ersten sieben Tage so verliebt,
  Daß ich zu weinen anfing, wenn ich wo

Hochschreien hörte oder schrilles Pfeifen
Und Trommeln. Schön ists, so verliebt zu sein,
Und auch die dummen Stunden sind noch schön,
Wo man sich quält, dann aber bald wars aus!
Denn was hat Nacht mit Schlaf zu tun, was Jugend
Mit Treue?

CATALINA.   Sancha, das verstehst du nicht.

MULATTIN.

Sehr gut versteh ichs, besser wie du selber.
(Pause.)

CATALINA.

Ich seh die gnädige Frau.

MULATTIN.   Was tut sie denn?

CATALINA.

Mich dünkt, sie betet. Nein, sie bückt sich nieder
Und rührt ein Grab mit beiden Händen an.
Nun steht sie auf und geht. Sie kommt hierher.

MIRANDA *(tritt auf, verstört, in Gedanken verloren; sie geht ein
     paar Schritte sehr schnell, dann ganz langsam).*
Feucht war sein Grab und schrie mit stummem Mund
Und schreckt mich mehr als zehn Lebendige,
Die flüsterten und mit dem Finger wiesen
Nach mir.
(Sie schaudert.)

CATALINA.

Darf ich nicht einen Mantel aus dem Wagen
Für Euer Gnaden holen? Es wird kühl,
Und alles ist voll Tau.

MIRANDA *(wie in halbem Traum).*
                    Voll Tau ist alles!
Und es wird kühl! Die Eintagsfliegen sterben,
Und morgen sind so viele neue da,
Als heute starben. Aufeinander folgen
Die Tage, sind sich aber gar nicht gleich.

(Sie fühlt mit den Händen an der Hecke.)
Der viele Tau! Die Finger triefen mir,
Hier an der Hecke liegt er, hier am Boden,
Auf allen Gräbern ... überall ... wo nicht?
Und die uralten Gräber macht er feucht
Und die von gestern ... morgen aber kommt
Die Sonne, und vor ihr her läuft ein Wind
Und trocknet alles.
(Sie weht mit dem Fächer gegen ihre linke Hand.)
                    Trocken sind die Finger!
Welch eine Welt ist dies, wo böse Zeichen
So schnell zu bannen sind?
*(Ihr Ton verändert sich, etwas wie eine innere Trunkenheit
kommt über sie.)*
Mir schwindelt so, als ob ich trunken wär!
Ist dies der eine Tropfen Möglichkeit,
Der eingeimpft in mein kraftloses Blut
Mirs so in Aufruhr bringt?
Wer bin denn ich, welch eine Welt ist dies,
In der so Kleines hat so viel Gewalt!
Kein Festes nirgends! Droben nur die Wolken,
Dazwischen, ewig wechselnd, weiche Buchten
Mit unruhvollen Sternen angefüllt ...
Und hier die Erde, angefüllt mit Rauschen
Der Flüsse, die nichts hält: des Lebens Kronen
Wie Kugeln rollend, bis ein Mutiger drauf
Mit beiden Füßen springt; Gelegenheit,
Das große Wort; wir selber nur der Raum,
Drin tausende von Träumen buntes Spiel
So treiben wie im Springbrunn Myriaden
Von immer neuen, immer fremden Tropfen;
All unsre Einheit nur ein bunter Schein,
Ich selbst mit meinem eignen Selbst von früher,
Von einer Stunde früher grad so nah,

Vielmehr so fern verwandt, als mit dem Vogel,
Der dort hinflattert.
(Sie schaudert.)   Weh, in dieser Welt
Allein zu sein ist übermaßen furchtbar.
Dies fühl ich, da ich meine Schwachheit nun
Erkenne: aber daß ich dieses fühle,
Ist meiner Schwachheit Wurzel. Unser Denken
Geht so im Kreis, und das macht uns sehr hilflos.

CATALINA *(zurückkommend).*

Eur Gnaden, es ist kalt, hier ist ein Mantel.

MIRANDA.

Ein Mantel? Ja. Habt ihr nicht einen Herrn
Von hier fortgehen sehn? Wie sah er aus?

MULATTIN.

O, wie ein Edelmann ...

MIRANDA.   Nicht das, ich meine ...
Ich ...
(Sehr schnell.)
        Ob er fröhlich aussah oder traurig.

MULATTIN.

Er ging schnell fort, wie einer, den sein Denken
Verwirrt und quält.

MIRANDA.

Doch nicht sehr traurig.

MULATTIN.   Nein, vielmehr beschäftigt.

MIRANDA *(unbewußt, fast laut).*

So wird noch alles gut.
(Zu Catalina.)   Du hast geweint?
(Ihr Ton ist jetzt unendlich leicht und zart erregt, ein Plau-
dern und hie und da Lachen.)
Du armes Kind, ist dirs zu öd und traurig
In meinem Haus, daß du vor Heimweh weinst?
Wir wollen doch von morgen an des Abends
In Garten wieder gehn, sie sollen uns

Die Blumen wieder in die Beete setzen:
Wir waren allzulange eingesperrt,
Drum sind wir schwach im Freien, so wie Kinder,
Die krank gewesen sind.
Nur schade ...

MULATTIN.   Was ist schade, gnädige Frau?

MIRANDA.

Fast gar nichts, gute Sancha. Nur, daß Träume,
Vom Augenblick geboren, so durchs Leere
Hinstürmen können, Purpurfahnen schwingend,
Und daß die Wirklichkeit ... Sag, wars auch Heimweh,
Um das sie weinte? ... war es nicht ein Liebster?
Wie rot sie wird! O, sicher spricht er gut:
Nimm dich in acht vor Männern, die gut reden
Und denen wenig daran gelegen scheint,
Ob sie dich weinen machen oder lachen:
Dergleichen ist nur ein verstelltes Spiel,
Und wir sind dumm! Nein, laßt mich einmal lachen:
Glaubt mir, ich hab fast keinen Grund dazu,
Doch Lachen ist das lieblichste Geschenk
Der Götter: wie der Hauch des Himmels ists
Für einen, der in Purpurfinsternis
Begraben war und wieder aufwärts taucht.
Nun aber gehen wir, und laßt den Wagen
Aufschlagen, lau und schön ist ja die Nacht,
Mit vielen Sternen ... nein, mich dünkt, so viele
Hab ich noch nie gesehn, sie tauchen nieder,
Als wollten sie zu uns, ich möchte wissen ...
*(Sie geht auf Catalina gelehnt ab, den Kopf zurückgebogen
und zu den Sternen aufschauend. Die letzten Worte verklin-
gen schon.)*

                    Vorhang.

DER EPILOG.

Nun gehn sie hin ... was weiter noch geschieht,
Erratet Ihr wohl leicht, doch dieses Spiel
Will sich mit mehr an Inhalt nicht beladen,
Als was ein bunter Augenblick umschließt.
Nehmts für ein solches Ding, wie mans auf Fächern
Gemalt sieht, nicht für mehr ... allein bedenkt:
Unheil hat in sich selber viel Gewalt,
Das schwere Schicksal wirft die schweren Schatten,
Doch was Euch Glück erscheint, indes Ihrs lebt,
Ist solch ein buntes Nichts, vom Traum gewebt.

Der Kaiser und die Hexe

DER KAISER PORPHYROGENITUS
DIE HEXE
TARQUINIUS, ein Kämmerer
EIN VERURTEILTER
EIN ARMER MENSCH
EIN URALTER BLINDER

Der oberste Kämmerer, der Großfalkonier, der Präfekt des Hauses und andere Hofleute. Ein Hauptmann. Soldaten.

Eine Lichtung inmitten der Kaiserlichen Jagdwälder. Links eine
Quelle. Rechts dichter Wald, ein Abhang, eine Höhle, deren
Eingang Schlingpflanzen verhängen. Im Hintergrund das gol-
dene Gitter des Fasanengeheges, dahinter ein Durchschlag, der
hügelan führt.

DER KAISER *(tritt auf, einen grünen, goldgestickten Mantel um,*
den Jagdspieß in der Hand, den goldenen Reif im Haar).
   Wohl, ich jage! ja, ich jage!
   Dort der Eber, aufgewühlt
   Schaukelt noch das Unterholz,
   Hier der Speer! und hier der Jäger!
   (Er schaudert, läßt den Speer fallen.)
   Nein, ich bin das Wild, mich jagt es,
   Hunde sind in meinem Rücken,
   Ihre Zähne mir im Fleisch,
   Mir im Hirn sind ihre Zähne.
   (Greift sich an den Kopf.)
   Hier ist einer, innen einer,
   Unaufhörlich, eine Wunde,
   Wund vom immer gleichen Bild
   Ihrer offnen, weißen Arme ...
   Und daneben, hart daneben,
   Das Gefühl von ihrem Lachen,
   Nicht der Klang, nur das Gefühl
   Wie ein lautlos warmes Rieseln ...
   Blut? ... Mein Blut ist voll von ihr!
   Alles: Hirn, Herz, Augen, Ohren!
   In der Luft, an allen Bäumen
   Klebt ihr Glanz, ich muß ihn atmen.
   Ich will los! Die Ohren hab ich
   Angefüllt mit Lärm der Hunde,

Meine Augen bohr ich fest
In das Wild, ich will nichts spüren
Als das Keuchen, als das Flüchten
Dieser Rehe, dieser Vögel,
Und ein totenhafter Schlaf
Soll mir nachts mit Blei versiegeln
Diese Welt ... doch innen, innen
Ist die Tür, die nichts verriegelt!
Keine Nacht mehr! Diese Nächte
Brechen, was die Tage schwuren.
(Er rüttelt sich an der Brust.)
Steh! es wird ja keine kommen,
Sieben sind hinab, vorbei ...
Sieben? Jetzt, nur jetzt nichts denken!
Alles schwindelnd, alles schwach,
Jagen und nur immer jagen,
Nur bis diese Sonne sank,
Diesen Taumel noch ertragen!
Trinken hier, doch nicht besinnen.

DIE HEXE *(jung und schön, in einem durchsichtigen Gewand,
mit offenem Haar, steht hinter ihm).*
Nicht besinnen? nicht auf mich?
Nicht auf uns? nicht auf die Nächte?
Auf die Lippen nicht? die Arme?
Auf mein Lachen, auf mein Haar?
Nicht besinnen auf was war?
Und auf was, einmal verloren,
Keine Reue wiederbringt ...?

DER KAISER.
Heute, heute ist ein Ende!
Ich will dirs entgegenschrein:
Sieben Jahre war ich dein,
War ein Kind, als es begann,
End es nun, da ich ein Mann!

Wußtest du nie, daß ichs wußte,
Welches Mittel mir gegeben,
Abzureißen meinem Leben
Die Umklammrung deiner Arme
Sichrer als mit einem Messer?
(Verwirrt.)
Sieh mich nicht so an ... ich weiß nicht,
Du und ich ... wie kommt das her?
Alles dreht sich, alles leer!
(Sich ermannend.)
Wußtest du nie, daß ichs wußte?
Immerhin ... ich will nicht denken,
Welch verschlungnen Weg dies ging,
Fürchterlich wie alles andre ...
Ich steh hier! dies ist das Innre
Eines Labyrinths, gleichviel
Wo ich kam, ich weiß den Weg,
Der hinaus ins Freie! Freie! ...
(Er stockt einen Moment unter ihrem Blick; dann plötzlich sehr laut.)
Sieben Tage, wenn ich dich
Nicht berührt! Dies ist der letzte!
Diese Sonne dort im Wipfel,
Nur so wenig muß sie fallen,
Nur vom Wipfel bis zum Boden,
Und hinab in ihren Abgrund
Reißt sie dich, und ich bleib hier!
Sieben Tag und sieben Nächte
Hab ich deinen Leib nicht anders
Als im Traum berührt – der Traum
Und der Wahnsinn wacher Träume
Steht nicht in dem Pakt! – mit Händen
Und mit Lippen nicht den Leib,
Nicht die Spitzen deiner Haare

Hab ich angerührt in sieben
Tag ... und Nächten ... Traum ist nichts! ...
Wenn die Sonne sinkt, zerfällst du:
Kröte! Asche! Diese Augen
Werden Schlamm, Staub wird dein Haar,
Und ich bleibe, der ich war.

DIE HEXE *(sanft).*

Ist mein Haar dir so verhaßt,
Hast doch in das End davon
Mit den Lippen einen Knoten
Dreingeknüpft, wenn wir dort lagen,
Mund auf Mund und Leib auf Leib,
Und ein Atemholen beide
Hob und senkte, und der Wind
Über uns im Dunkel wühlte
In den Bäumen.

DER KAISER.   Enden, enden
Will ich dieses Teufelsblendwerk!

DIE HEXE.

Wenn du aufwachst in der Nacht
Und vor dir das große schwere
Dunkel ist, der tiefe Schacht,
Den kein Schrei durchläuft, aus dem
Keine Sehnsucht mich emporzieht,
Wenn du deine leeren Hände
Hinhältst, daß ich aus der Luft
Niederflieg an deine Brust,
Wenn du deine Hände bebend
Hinhältst, meine beiden Füße
Aufzufangen, meine nackten
Füße, schimmernder und weicher
Als der Hermelin, und nichts
Schwingt sich aus der Luft hernieder,
Und die beiden Hände beben

Leer und frierend? Nicht die goldne
Weltenkugel deines Reiches
Kann sie füllen, nicht die Welt
Füllt den Raum, den meine beiden
Nackten Füße schimmernd füllten!

DER KAISER.

Welch ein Ding ist diese Welt!
Sterne, Länder, Menschen, Bäume:
Ein Blutstropfen schwemmt es fort!

DIE HEXE.

Jeden Vorhang hebst du auf,
Windest dich in den Gebüschen,
Streckst die Arme in die Luft,
Und ich komme nie mehr! Stunden
Schleppen hin! die Tage leer,
Leer die Nächte! und den Dingen
Ihre Flamme ausgerissen,
Jede Zeit und jeder Ort
Tot, das Glühen alles fort . . .

DER KAISER *(die Hand vor den Augen).*

Muß ich denn allein hier stehen!
Gottes Tod! ich bin der Kaiser,
Meine Kämmrer will ich haben,
Meine Wachen! Menschen, Menschen!

DIE HEXE.

Brauchst die Wachen, dich zu schützen,
Armer Kaiser, vor dir selber?
Droh ich dir, rühr ich dich an?
Nein, ich gehe, und wer will,
Kommt mir nach und wird mich finden.
Armer Kaiser!
(Sie biegt die Büsche auseinander und verschwindet.)

DER KAISER.   Nicht dies Lachen!
Einmal hat sie so gelacht . . .

Was dann kam, ich wills nicht denken!
Hexe, Hexe, Teufelsbuhle,
Steh! Ich will dich sehn, ich will nicht
Stehn wie damals vor dem Vorhang.
Gottes Tod, ich wills nicht denken!
Faune, ekelhafte Faune
Küssen sie! die weißen Hände
Toter, aus dem Grab gelockter
Heiden sind auf ihr, des Paris
Arme halten sie umwunden:
Ich ertrag es nicht, ich reiße
Sie hinweg!

TARQUINIUS *(aus dem Hintergrunde rechts auftretend).*
                 Mein hoher Herr!

DER KAISER.
    Was? und was? wer schickt dich her?

TARQUINIUS.
    Herr, es war, als ob du riefest
    Nach den Kämmrern, dem Gefolge.

DER KAISER *(nach einer langen Stille).*
    Rief ich und du hörtest, gut.
    (Er horcht ins Gebüsch.)
    Hier ist alles still, nicht wahr?

TARQUINIUS.
    Herr, die Jagd zog dort hinunter,
    Jenseits des Fasangeheges.

DER KAISER.
    Laß die Jagd! Du hörst hier nichts?
    Nichts von Flüstern, nichts von Lachen?
    Wie?
    (In Gedanken verloren, plötzlich.)
        Abblasen laß die Jagd!
    Ich will meinen Hof um mich:
    Meine Frau, die Kaiserin,

Soll hierher, mein Kind soll her,
Um mich her mein ganzer Hof,
Ringsum sollen Wachen stehen,
Und so will ich liegen, liegen,
Auf den Knien die heilige Fahne,
Zugedeckt, so will ich warten,
Bis die Sonne ... wohin gehst du?

TARQUINIUS.
Herr, zu tun, was du befahlst,
Deinen Hof hierher zu rufen.

DER KAISER *(halblaut).*
Wenn sie kommt vor meinen Hof,
Sich zu mir hinschleicht und flüstert
Und die Scham hält mich, ich muß
Ihren Atem fühlen, dann
Wird es stärker sein als ich!
Bleib bei mir, es kommen andre.
Du bleib da. Ich will mit dir
Reden, bis die andern kommen.
(Er geht auf und ab, bleibt schließlich dicht vor dem Kämmerer stehen.)
Bist der jüngste von den Kämmrern?

TARQUINIUS *(auf ein Knie gesunken).*
Nicht zu jung, für dich zu sterben,
Wenn mein Blut dir dienen kann!

DER KAISER.
Heißt?

TARQUINIUS.
          Tarquinius Morandin.

DER KAISER *(streng).*
Niemands Blut kann niemand dienen,
Es sei denn sein eignes.

TARQUINIUS.   Herr,
Zürn mir nicht, die Lippen brennen,
Einmal dirs herauszusagen.

DER KAISER.   Was?

TARQUINIUS *(steht verwirrt).*

DER KAISER *(gütig).*

   Nun was?

TARQUINIUS.

            Gnädiger Herr,
   Daß ich fühle, wie du gut bist,
   So mit Hoheit und mit Güte,
   Wie ein Stern mit Licht beladen.

DER KAISER.

   Kämmerer, du bist ein Kind ...
   Wenn du nicht ein Schmeichler bist!
   Junge Menschen sind nicht gut,
   Und ob älter auch wie du,
   Bin ich jung. Nimm dich in acht,
   Ich weiß nichts von dir, weiß nicht,
   Wie du lebst, nur Seele seh ich,
   Die sich so aus deinen Augen
   Lehnt, wie aus dem Kerkerfenster
   Ein Gefangner nach der Sonne;
   Nimm du dich in acht, das Leben
   Hat die rätselhafte Kraft,
   Irgendwie von einem Punkt aus
   Diesen ganzen Glanz der Jugend
   Zu zerstören, blinden Rost
   Auszustreun auf diesen Spiegel
   Gottes ... wie das alles kommt?
   (Halb für sich.)
   Anfangs ists in einem Punkt,
   Doch dann schiebt sichs wie ein Schleier
   Zwischen Herz und Aug und Welt,
   Und das Dasein ist vergällt;
   Bist du außen nicht wie innen,
   Zwingst dich nicht, dir treu zu sein,

So kommt Gift in deine Sinnen,
Atmests aus und atmests ein,
Und von dem dir gleichen Leben
Bist du wie vom Grab umgeben,
Kannst den Klang der Wahrheit hören,
So wie Hornruf von weither,
Doch erwidern nimmermehr;
Was du sprichst, kann nur betören,
Was du siehst, ist Schattenspiel,
Magst dich stellen wie du willst,
Findest an der Welt nicht viel,
Wandelst lebend als dein Grab,
Hexen deine Buhlerinnen ...
Kehr dich nicht an meine Reden,
Wohl! wenn du sie nicht verstehst.
Denk nur eins: ich will dir Gutes!
Nimms, als käm es dir von einem,
Den du sterbend wo am Wege
Liegen findest; nimms an dich,
Drücks an dich wie eine Lampe,
Wenn dich Finsternis umschlägt;
Merk dir: jeder Schritt im Leben
Ist ein tiefrer. Worte! Worte!
Merk dir nichts als dies, Tarquinius:
Wer nicht wahr ist, wirft sich weg!
... Doch vielleicht begreifst du dies
Erst, wenn es zu spät ist; merk
Dies allein: nicht eine einzige
Stunde kommt zweimal im Leben,
Nicht ein Wort, nicht eines Blickes
Ungreifbares Nichts ist je
Ungeschehn zu machen, was
Du getan hast, mußt du tragen,
So das Lächeln wie den Mord!

(Nach einer kleinen Pause.)
Und wenn du ein Wesen lieb hast,
Sag nie mehr, bei deiner Seele!
Als du spürst. Bei deiner Seele!
Tu nicht eines Halms Gewicht
Mit verstelltem Mund hinzu:
Dies ist solch ein Punkt, wo Rost
Ansetzt und dann weiterfrißt.
Dort am Durchschlag hör ich Stimmen:
Jäger sind es wohl, die kommen,
Aber hier ist alles still . . .
Oder nicht? . . . Nun geh nur, geh,
Tu, wie ich dir früher sagte.

TARQUINIUS.
Hierher ruf ich das Gefolge.

DER KAISER.
Ja! was noch?

TARQUINIUS.   Du hast befohlen.
(Geht.)

DER KAISER.
Irgendwo ist Klang der Wahrheit
Wie ein Hörnerruf von weitem,
Doch ich hab ihn nicht in mir,
Ja, im Mund wird mir zur Lüge,
Was noch wahr schien in Gedanken.
Schmach und Tod für meine Seele,
Daß sie in der Welt liegt wie ein
Basilisk, mit hundert Augen,
Die sich drehen, nach den Dingen
Äugend! daß ich Menschenschicksal
So gelassen ansehn kann
Wie das Steigen und Zerstäuben
Der Springbrunnen! daß ich meine
Eigne Stimme immer höre,

Fremd und deutlich wie das Schreien
Ferner Möwen! Tod! mein Blut
Ist verzaubert! Niemand, niemand
Kann mir helfen, und doch bin ich
Stark, mein Geist ist nicht gemein,
Neugeboren trug ich Purpur,
Diesen Reif, bevor die Schale
Meines Kopfs gehärtet war ...
(Er reißt sich den Reif vom Kopf.)
Und er schließt das Weltall ein:
Diese ganze Welt voll Hoheit
Und Verzweiflung, voll von Gräbern
Und von Äckern, Bergen, Meeren,
Alles schließt er ein ... was heißt das?
Was ist mir dies alles? welche
Kraft hab ich, die Welt zu tragen?
Bin ich mir nicht Last genug!
(Er zerbricht den Reif, wirft die Stücke zu Boden und atmet wild.)

DIE STIMME DER HEXE *(aus dem Gebüsch).*

DER KAISER *(horcht vorgebückt).*

DIE STIMME.
Komm, umschling mich mit den Armen,
Wie du mich so oft umschlungen!
Fühlst du nicht, wie meine Schläfen
Klopfen, fühlst dus mit den Lippen?

DER KAISER *(sich zurückwerfend, mit emporgestreckten Armen).*
Redet sie zu mir? zu einem
Andern? ich ertrag es nicht!
Hat sie alles noch mit andern
Wie mit mir? Dies ist so furchtbar,
Daß es mich zum Wahnsinn treibt ...
Alles ist ein Knäul, Umarmung

Und Verwesung einerlei,
Lallen von verliebten Lippen
Wie das Rascheln dürrer Blätter,
Alles könnte sein, auch nicht . . .
(Die Arme sinken ihm herunter, seine Augen sind starr zu
Boden gerichtet. Er rafft sich auf und schreit.)
Menschen, Menschen, ich will Menschen!

DIE DREI SOLDATEN *(mit dem Verurteilten treten von rück-*
wärts auf. Der Kaiser läuft auf sie zu).

DER KAISER.
Ihr seht aus wie Menschen. Hierher
Tretet! hier!

EIN SOLDAT.   Was will der Mensch?

ZWEITER.
Still, das ist ein Herr vom Hof!
Tu, was er uns heißt.

DER KAISER.
Diesen hier macht frei! die Ketten
sind für mich! in mir ist einer,
Der will dort hinein, er darf nicht
Stärker werden! gebt die Ketten!
(Allmählich beruhigter.)
Zwar mich dünkt, nun ist es still . . .
Und die Sonne steht schon tief! . . .
. . . Welch ein Mensch ist dies, wohin
Führt ihr ihn?

ERSTER.   Zu seinem Tod.

DER KAISER.
Warum muß er sterben?

DER SOLDAT.   Herr,
Lydus ist es.

DER KAISER.   Lydus?

DER SOLDAT.   Herr,
Wenig weißt du, was im Land,

Was sich im Gebirg ereignet,
Wenn du nichts von diesem weißt.
Dieser ist der Fürchterliche,
Der ein ganzes Land verbrannte,
Feuer warf in sieben Städte,
Sich Statthalter Gottes nannte
Und der Ungerechten Geißel,
Selbst ein ungerecht Begehren
Wie ein Rad von Blut und Feuer
Durch das Land des Friedens wälzend.

DER KAISER.
Doch die Richter?

DER VERURTEILTE *(den Blick am Boden)*.
                Einen Richter,
Der das Recht bog, wollt ich hängen,
So fing alles an.

DER KAISER.   Der Kaiser?
Der doch Richter aller Richter?

DER SOLDAT.
Herr, der Kaiser, der ist weit.
(Eine kleine Stille.)

DER HAUPTMANN *(kommt gelaufen)*.
Hier ist nicht der Weg. Wir müssen
Weg von hier. Des Kaisers Jagd
Kommt bald hier vorbei.
(Erkennend.)   Der Kaiser!
(Kniet nieder, sogleich auch die drei Soldaten.)

DER KAISER *(zum Verurteilten)*.
Stehst du, Mensch? die andern knien.

DER VERURTEILTE *(den Blick am Boden)*.
Diese Spiele sind vorüber;
Morgen knie ich vor dem Block.

DER KAISER.
Mensch, bei Gott, wie fing dies an?
Wie der erste Schritt davon?

DER VERURTEILTE *(hebt seinen Blick und richtet ihn fest auf den Kaiser).*

Mensch, bei Gott, mit einem Unrecht.

DER KAISER.

Das du tatest?

DER VERURTEILTE *(immer die Augen auf ihn geheftet).*

               Das ich litt!

DER KAISER.

Und was weiter kam?

DER VERURTEILTE.   Geschick.

DER KAISER.

Und die Toten?

DER VERURTEILTE.   Gut gestorben.

DER KAISER.

Und was morgen kommt?

DER VERURTEILTE.   Das Ende,

Das höchst nötige gerechte

Ende.

DER KAISER.   Doch gerecht?

DER VERURTEILTE *(ruhig).*   Jetzt wohl.

DER KAISER *(geht auf und ab. Endlich nimmt er seinen Mantel ab, hängt ihn dem Verurteilten um, winkt den Soldaten, aufzustehen).*

TARQUINIUS *(zurückkommend, verneigt sich).*

DER KAISER.

Kämmrer, schließ dem Mann den Mantel

Und mach ihm die Hände frei!

(Es geschieht.)

DER VERURTEILTE *(blickt unverwandt, mit äußerster Aufmerksamkeit, beinahe mit Strenge den Kaiser an).*

DER KAISER *(Tarquinius zu sich, nach rechts vorne, heranwinkend).*

Die Galeeren nach Dalmatien,

Die Seeräuber jagen sollen,

Warten, weil ich keinen Führer
Noch genannt. Ich nenne diesen,
Diesen Lydus. Wer sich selber
Furchtbar treu war, der ist jenseits
Der gemeinen Anfechtungen.
Als ich in der Wiege lag,
Trug ich Purpur, um mich her
Stellten sie im Kreise Männer,
Und auf wen mit unbewußtem
Finger ich nach Kindesart
Lallend deutete, der war
Über Heere, über Flotten,
Über Länder zum Gebieter
Ausgewählt. Ein großes Sinnbild!
Auf mein ungeheures Amt
Will ich Kaiser mich besinnen:
Meine Kammer ist die Welt,
Und die Tausende der Tausend
Sind im Kreis um mich gestellt,
Ihre Ämter zu empfangen.
Ämter! darin liegt noch mehr!
Kämmrer, führ den Admiral!
Lydus heißt er, Lydus, merk.
Sonst ist nichts vonnöten, geh.
*(Sie gehen ab, noch im Weggehen heftet der Mann seinen
ernsten, beinahe strengen Blick auf den Kaiser.)*
Doch ... wie eitel ist dies alles,
Und wie leicht, daran zu zweifeln,
Wie so leicht, es wegzuwerfen!
Dieses Hauchen lauer Luft
Saugt mir schon die Seele aus!
Kommt nicht irgend etwas näher?
Schwebt es nicht von oben her
Unbegreiflich sanft und stark?

Meinem Blut wird heiß und bang ...
Wie soll dies aus mir heraus?
Nur mit meinen Eingeweiden!
Denn ich bin darin verfangen
Wie der Fisch, der allzu gierig
Eine Angel tief verschlang.
Sklave! Hund! was steh ich hier?
Weiß, daß sie mich nehmen will,
Steh ihr selbst am Kreuzweg still!
Dies muß sein! Ich will mich selber
An den Haaren weiterschleppen
Bis zum Sinken dieser Sonne!
Jagen! Jagd ist alles! Schleichen
Auf den Zehen mit dem Spieß,
Eigne Kraft in eines fremden
Lebens Leib so wie der Blitz
Hineinschleudern ... eine Taube!
Wie sie an den Zweigen hinstreift,
Trunken wie ein Abendfalter,
Kreise zieht um meinen Kopf!
Wo der Spieß? Doch hier der Dolch!
Hier und so!

(Er wirft den Dolch nach der Taube. Die Hexe, angezogen wie ein Jägerbursch, taumelt hervor. Sie preßt die Hände auf die Brust und sinkt am Rand eines Gebüsches rechts nieder.)

DIE HEXE.   Weh! getroffen!

DER KAISER.

Trug und Taumel! wessen Stimme?
Vogel wars! Die Taube flog!

(In der Nähe, aufschreiend.)

Was für Augen, welche Lippen!

(Kriecht auf den Knien der Hingesunkenen näher.)

DIE HEXE *(sanft wie ein Kind)*.

Lieber, schlägst du mir mit Eisen

Rote Wunden, blutig rote
Neue Lippen? Dort wo deine
Lippen lagen oft und oft!
Weißt du alles das nicht mehr?
So ist alles aus? Leb wohl,
Aber deiner nächsten Freundin,
Wenn ich tot bin, sei getreuer,
Und bevor du gehst und mich
Hier am Boden sterben lässest,
Deck mir noch mit meinen Haaren
Meine Augen zu, mir schwindelt!

DER KAISER (*hebt die Hände, sie zu berühren. In diesem Augenblick überschüttet die dem Untergang nahe Sonne den ganzen Waldrand mit Licht und den rötlichen Schatten der Bäume. Der Kaiser schaudert zurück, richtet sich auf, geht langsam, die Augen auf ihr, von ihr weg; sie liegt wie tot*).

DER KAISER.

Tot! was ist für diese Wesen
Tot? die Sonne ist nicht unten,
Dunkel flammt sie, scheint zu drohen.
Soll ich sie hier liegen sehen?
Sollen Ameisen und Spinnen
Über ihr Gesicht hinlaufen
Und ich sie nicht anrührn? ich!
Der mit zehnmal so viel Küssen
Ihren Leib bedeckt hab, als
Das Gewebe ihres Kleides
Fäden zählt, wie? soll ich sie
Liegen lassen, daß mein Hof,
Meine Diener ihr Gesicht
Mir betasten mit den Blicken?
Ich ertrüg es nicht, ich würfe
Mich auf sie, sie zuzudecken!
Dort! ein Mensch, der Stämme schleppt,

Abgeschälte, schwere Stämme.
Hier ist eine schönre Last.
(Er tritt in eine Lichtung und winkt.)
Du, komm her! komm hierher! hier!
Zwar, womit den Menschen lohnen?
Auf den Gold- und Silberstücken
Ist mein Bild, doch hab ich keines!
Doch, der Reif, den ich zerbrach:
Wenn die Krone auch zerschlagen
Da und dort am Boden rollt,
Ist sie doch noch immer Gold.
*(Er bückt sich und hebt ein paar Stücke auf. Er betrachtet die
Stücke, die er in der Hand hält.)*
Wohl, solange du geformt warst,
Warst du viel. Dein bloßes Blinken
Konnte ungeheure Heere
Lenken wie mit Zauberwinken.
Krone, brauchtest nur zu leuchten,
Nur zu funkeln, nur zu drohn ...
Kaum die Dienste eines Knechtes
Zahlt dein Stoff, der Form entflohn.
(Eine kleine Stille.)
Mitten drunter kann ich denken,
Ruhig denken, sonderbar.

DER ARME MENSCH *(in Lumpen, ein junges, entschlossenes Gesicht und eine unscheinbare gebückte Haltung).*
Herr, was riefst du, daß ich tun soll?

DER KAISER *(steht vor der Leiche abgewandt).*
Diesen Toten ...

DER MENSCH.   Herr, ein Weib!

DER KAISER.
Frag nicht, schaff sie fort!

DER MENSCH.   Fort?
Wohin?

DER KAISER.
          Gleichviel! ins Dickicht.
  Wo sie keiner sieht, wo ich
  Sie nicht sehe! später dann . . .
  Hier ist Gold für deine Arbeit.
DER MENSCH (steht starr).
  Dies? dafür? für nichts als das?
DER KAISER.
  Nicht genug? komm später wieder.
DER MENSCH.
  Nicht genug? es wär genug,
  Mir mein Leben abzukaufen.
  Herr, wer bist du? um dies Gold
  Stoß ich dir am hellen Tag
  Wen du willst von deinen Feinden,
  Während er bei Tisch sitzt, nieder . . .
  Um dies Gold verkauft dir meine
  Schwester ihre beiden Töchter!
  (Er richtet sich groß auf, mit ausgestreckten Armen.)
DER KAISER.
  Später dann, wenns dunkel ist,
  Kommst du wieder und begräbst sie,
  Gräbst im Dunkeln ihr ein Grab,
  Aber so, daß auch kein Wiesel
  Davon weiß und je es aufspürt;
  Hüte dich!
DER MENSCH.
          Ich will es graben,
  Daß ich selber morgen früh
  Nicht den Ort zu sagen wüßte:
  Denn mit diesem Leib zugleich
  Werf ich in die dunkle Grube
  Meinen Vater, meine Mutter,
  Meine Jugend, ganz beschmutzt

Mit Geruch von Bettelsuppen,
Mit Fußtritten feiger Lumpen!

DER KAISER.

Geh nun, geh! Doch hüte dich,
Daß du sie nicht anrührst, nicht
Mehr als nötig, sie zu tragen.
Ich erführ es, sei versichert,
Ich erführs, und hinter dir
Schickte ich dann zwei, die grüben
Schneller dir ein Grab im Sand,
Schneller noch und heimlicher,
Als du diese wirst begraben.

*(Er winkt ihm, Hand anzulegen, setzt sich selbst auf einen
Baumstrunk und schlägt die Hände vors Gesicht.)*

DER MENSCH *(schleppt den regungslosen Leib ins Gebüsch.
Lange Stille).*

DER KAISER *(aufstehend, umherschauend).*

Ist sie fort, für immer fort? ...
Und die Sonne doch noch da? ...
Zwar nicht Tag, nicht schöner Tag,
Vielmehr Nacht mit einer Sonne.
Und ich tat es wirklich, tat es?
Unsre Taten sind die Kinder
Eines Rauchs, aus rotem Rauch
Springen sie hervor, ein Taumel
Knüpft, ein Taumel löst die Knoten.
Meine Seele hat nicht Kraft,
Sich zu freun an dieser Tat!
Diese Tat hat keinen Abgrund
Zwischen mich und sie getan,
Ihren Atem aus der Luft
Mir nicht weggenommen, nicht
Ihre Kraft aus meinem Blut!
Wenn ich sie nicht noch einmal

Sehen kann, werd ich nie glauben,
Daß ich mich mit eignem Willen
Von ihr losriß; dies noch einmal
Sehen! dies, was eine Hand
Zudeckt, dieses kleine Stück
Ihres Nackens, wo zur Schulter
Hin das Leben sich so trotzig
Und so weich, so unbegreiflich
Drängt, nur dieses eine sehen!
Sehen und freiwillig nicht –
Nicht! – berühren ... aber wo?
Fort! er trug sie ... ich befahl,
Schuf mir selber diese Qual.
Aber dort die grünen Ranken
Seh ich, spür ich nicht? sie beben!
Frag ich viel, obs möglich ist!
Spür ich nicht dahinter Leben?
(Er reißt die Ranken weg, die den Eingang der Höhle ver-
hängen.)

EIN URALTER BLINDER *(tritt ängstlich hervor, weit mit einem*
dürren Stecken vor sich hintastend. Sein ganzes Gewand ist
ein altes linnenes Hemd).

DER KAISER *(hinter sich tretend).*

Wie, hier auch ein Mensch! Dies feuchte
Loch noch immer Raum genug
Für ein Leben? Ists damit,
Daß ich sehen soll, welch ein Ding
Herrschen ist, daß mir der Wald
Und die Straße, ja das Innre
Eines Berges nichts wie Menschen
Heut entgegenspein? Heißt dies,
Kaiser sein: nicht atmen können,
Ohne mit der Luft ein Schicksal
Einzuschlucken?

DER GREIS.

  War es Sturm, der meine Türe
  Aufriß? Weh, es ist nicht Nacht!
  Nicht das kleine Licht der Sterne
  Rieselt auf die Hände nieder . . .
  Schwere Sonne! schwacher Wind!

DER KAISER *(für sich).*

  Diese Stirn, die riesenhaften,
  Ohnmächtigen Glieder, innen
  Ist mir, alles dieses hab ich
  Schon einmal gesehen! wann?
  Kindertage! Kindertage!
  Hier ist irgendein Geheimnis,
  Und ich bin dareinverknüpft,
  Fürchterlich verknüpft . . .

DER GREIS.

  Dort! es steht! es atmet jung!
  (Pause.)
  Wie ein junges Tier!
  (Pause.)   Ein Mensch!
  (Er zittert.)
  Hab Erbarmen! ich bin blind!
  Laß mich leben! leben! leben!

DER KAISER.

  Alter Mann, ich tu dir nichts.
  Sag mir deinen Namen.

DER GREIS.

  Laß mich leben, hab Erbarmen!

DER KAISER.

  Fühl, ich habe leere Hände!
  Sag mir, wer du bist.
  (Lange Pause.)

DER GREIS *(seine Hände anfühlend).*

  Ring!

DER KAISER.
          Den Namen, sag den Namen!
DER GREIS.
    Was für Stein?
DER KAISER.   Ein grüner.
DER GREIS.   Grüner?
    Großer grüner?
DER KAISER.   Deinen Namen!
    (*Er faßt ihn an, der Greis schweigt. Im Hintergrunde sam-
    melt sich der Hof. Sie geben ihre Spieße an die Jäger ab.
    Links rückwärts wird ein purpurnes Zelt aufgeschlagen. Un-
    ter den anderen steht der Verurteilte, er trägt ein rotseidenes
    Gewand, darüber den Mantel des Kaisers, in der herabhän-
    genden Hand einen kurzen Stab aus Silber und Gold.*)
TARQUINIUS (*kniend*).
    Herr! die allergnädigste
    Kaiserin läßt durch mich melden,
    Daß sie sich zurückgezogen,
    Weil die Zeit gekommen war
    Für das Bad der kaiserlichen
    Kinder.
DER KAISER (*ohne aufzumerken, betrachtet den Greis, wirft
    dann einen flüchtigen Blick auf seinen Hof, alle beugen ein
    Knie*).
    Decken!
    (*Man bringt purpurne Decken und Felle und legt sie in die
    Mitte der Bühne. Der Kaiser führt den Blinden hin und läßt
    ihn setzen. Er sitzt wie ein Kind, die Füße gerade vor sich.
    Die weichen Decken scheinen ihn zu freuen.*)
DER KAISER (*von ihm wegtretend*).
    Großfalkonier! ich habe diesen Menschen
    Im kaiserlichen Forst gefunden. Wer
    Ist das? Kannst du mir sagen, wer das ist?
    (*Tiefe Stille.*)

Großkämmerer, wer ist der Mann? mich dünkt,
Ich seh ihn heute nicht zum erstenmal.
(Stille.)
Präfekt des Hauses, wer ist dieser Mensch?
(Stille.)
Großkanzler, wer?
(Stille.)   Großdragoman, wer ist das?
(Stille.)
Die Kapitäne meiner Wachen! wer?
(Stille.)
Du, Tarquinius, bist zu jung,
Um mich anzulügen, hilf mir!

TARQUINIUS *(um den Blinden beschäftigt).*
Herr, er trägt ein Band von Eisen
Um den Hals geschmiedet, einen
Schweren Ring mit einer Inschrift.

DER KAISER *(winkt ihm zu lesen. Tiefe Stille).*

TARQUINIUS *(liest).*
Ich, Johannes der Pannonier,
War durch dreiunddreißig Tage
Kaiser in Byzanz.
(Pause. Tiefe Stille.)
                Geblendet
Bin ich nun und ausgestoßen
Als ein Fraß der wilden Tiere
Auf Befehl ...

DER KAISER *(sehr laut).*
                Lies weiter, Kämmrer!

TARQUINIUS *(liest weiter).*
Auf Befehl des höchst heiligen, höchst
Weisen, des unbesiegbarsten, erlauchtesten
Kindes ...
(Stockt.)

DER KAISER *(sehr laut).*
                Kindes ... lies!

TARQUINIUS.   Dein Name, Herr!
  (Lange Stille.)
DER KAISER *(mit starker Stimme).*
  Großkämmerer! wie alt war ich, der Kaiser,
  Als dies geschah?
DER GROSSKÄMMERER *(kniend).*
                    Drei Jahre, hoher Herr.
  (Lange Stille.)
DER KAISER *(mit halber Stimme, nur zu Tarquinius).*
  Kämmrer, schau, dies war ein Kaiser!
  Zu bedeuten, das ist alles!
  (Nach einem langen Nachdenken.)
  Ja, den Platz, auf dem ich stehe,
  Gab mir ungeheurer Raub,
  Und mit Schicksal angefüllt
  Ist die Ferne und die Nähe.
  Von viel buntern Abenteuern,
  Als ein Märchen, starrt die Welt,
  Und sie ist der große Mantel,
  Der von meinen Schultern fällt.
  Überall ist Schicksal, alles
  Fügt sich funkelnd ineinander
  Und unlöslich wie die Maschen
  Meines goldnen Panzerhemdes.
  Denn zu unterst sind die Fischer
  Und Holzfäller, die in Wäldern
  Und am Rand des dunklen Meeres
  Atmen und ihr armes Leben
  Für die Handvoll Gold dem ersten,
  Der des Weges kommt, verkaufen.
  Und dann sind die vielen Städte ...
  Und in ihnen viele Dinge:
  Herrschaft, Weisheit, Haß und Lust,
  Eins ums andere feil, zuweilen
  Eines mit dem andern seine

Larve tauschend und mit trunknen
Augen aus dem ganz verkehrten
Antlitz schauend. Und darüber
Sind die Könige, zu oberst
Ich: von dieser höchsten Frucht
Fällt ein Licht zurück auf alles
Und erleuchtet jede tiefre
Stufe; jede: auf den Mörder
Fällt ein Strahl, Taglöhner, Sklaven
Und die Ritter und die Großen,
Mir ist alles nah; ich muß das
Licht in mir tragen für den,
Der geblendet ward um meinet-
Willen, denn ich bin der Kaiser.
Wunderbarer ist mein Leben,
Ungeheurer aufgetürmt
Als die ungeheuren Dinge,
Pyramiden, Mausoleen,
So die Könige vor mir
Aufgerichtet. Ich vermag
Auf den Schicksalen der Menschen
So zu thronen, wie sie saßen
Auf getürmten toten Steinen.
Und so ungeheure Kunde,
Wer ich bin und was ich soll,
Brachte diese eine Stunde,
Denn ihr Mund war übervoll
Von Gestalten . . .

DER GREIS *(wendet sich mit heftiger Unruhe und einem leisen*
Wimmern nach dem Hintergrunde).

TARQUINIUS.
Herr, es ist, er riecht die Speisen,
Die sie hinterm Zelt bereiten,
Und ihn hungert.

DER KAISER.   Bringt zu essen.

*(Es kommen drei Diener mit goldenen Schüsseln. Den ersten
und zweiten beachtet der Greis nicht, nach der Richtung, wo
der dritte steht, begehrt er heftig. Tarquinius nimmt dem
dritten die Schüssel aus der Hand, kniet vor dem Greis hin
und reicht ihm die Schüssel.)*

TARQUINIUS *(bei dem Greis kniend).*

Er will nur von dieser Speise:

Süßes ist es.

*(Tarquinius will ihm die Schüssel wieder wegnehmen, der
Greis weint. Er stellt ihm die Schüssel hin.)*

DER GREIS *(winkt mit der Hand, alle sollen wegtreten, versichert sich, daß er die Schüssel hat, richtet sich groß auf, streckt
die Hand, an der des Kaisers Ring steckt, gebieterisch aus –
der Arm zittert heftig – und ruft schwach vor sich hin).*

                    Ich bin der Kaiser!

*(Sogleich setzt er sich wieder hin wie ein Kind, ißt die Schüs-
sel leer.)*

DER KAISER *(rührt ihn sanft an).*

Du, du hast aus meiner Schüssel

Jetzt gegessen, komm, ich geb dir

Jetzt mein Bett, darin zu schlafen.

DER GREIS *(nickt, der Kaiser stützt und führt ihn in das Zelt.
Der Hof zieht sich nach links rückwärts zurück. Man sieht sie
zwischen den Bäumen lagern und essen. Rechts rückwärts
geht eine Wache auf und ab. Die Sonne steht nun in dem
Walddurchschlag, dem Rande des Hügels sehr nahe).*

DER KAISER *(aus dem Zelt zurückkommend, neben ihm Tarquinius).*

Immer noch dieselbe Sonne!

Geht mirs doch wie jenem Hirten,

Der, den Kopf im Wasserschaff,

Meinte, Welten zu durchfliegen.

(Er setzt sich links vorne auf einen Stumpf.)

Ich bin heiterer, mein Lieber,
Als ich sagen kann . . . gleichviel,
Denk nicht nach! . . . Es ist der neue
Admiral, der mich so freut.
Sieh, ein Schicksal zu erfinden,
Ist wohl schön, doch Schicksal sein,
Das ist mehr; aus Wirklichkeit
Träume baun, gerechte Träume,
Und mit ihnen diese Hügel
Und die vielen weiten Länder
Bis hinab ans Meer bevölkern
Und sie vor sich weiden sehn,
Wie der Hirt die stillen Rinder . . .
(Eine kleine Pause.)
Grauenhaftes, das vergangen,
Gibt der Gegenwart ein eignes
Leben, eine fremde Schönheit,
Und erhöht den Glanz der Dinge
Wie durch eingeschluckte Schatten.

TARQUINIUS.

Die Kaiserin!
(Er springt zurück.)
(Von hinten her ist mit leisen Schritten die Hexe herangetreten. Sie trägt das Gewand der Kaiserin, in dessen untersten Saum große Saphire eingewebt sind. Über das Gesicht fällt ein dichter, goldner Schleier. In der Hand trägt sie eine langstielige goldne Lilie.)

DER KAISER *(ohne aufzustehen).*

          So kommst du
Doch! Man hat mir was gemeldet . . .
Doch du kommst, so sind die Kinder
Wohl gebadet, Helena.
Laß uns von den Kindern reden!

Zwar du redest von nichts anderm . . .
In der Kammer, wo sie schlafen,
Wohnt die Sonne, Regenbogen,
Mond, die schönen klaren Sterne,
Alles hast du in der Kammer,
Nicht? Mich dünkt, du lächelst nicht!
Lächelst doch so leicht: zuweilen
Bin ich blaß vor Zorn geworden,
Wenn ich sah, wie leicht dir dieses
Lächeln kommt, wenn ich bedachte,
Daß ein Diener, der dir Blumen
Bringt, den gleichen Lohn davon hat
Wie ich selber . . . es war unrecht!
Heut begreif ichs. Über alle
Worte klar begreif ichs heute:
Welch ein Kind du bist, wie völlig
Aus dir selbst dies Kinderlächeln
Quillt. Ich bin so froh, zu denken,
Daß . . . ich mein, daß du es bist,
Die mir Kinder auf die Welt bringt.
Meine Kinder, Helena – . . .
Wie von einer kleinen Quelle
Hergespült, wie aufgelesen
Von den jungen grünen Wiesen,
Die Geschwister ahnungsloser,
Aus dem Nest gefallner kleiner
Vögel sind sie, Helena,
Weil es deine Kinder sind!
Keine Antwort? und den Schleier
Auch nicht weg? Wir sind allein!

DIE HEXE *(schlägt den Schleier zurück).*

DER KAISER *(aufspringend).*

Hexe du und Teufelsbuhle,
Stehst du immer wieder auf?

DIE HEXE *(indem sie sich halb wendet, wie ihn fortzuführen).*
  Komm, Byzanz! Wir wollen diese
  Schäferspiele nun vergessen!
  Miteinander wieder liegen
  In dem goldnen Palankin,
  Dessen Stangen deine Ahnherrn
  Julius Cäsar und die andern
  Tragen.
DER KAISER *(lacht).*
DIE HEXE *(mit ausgebreiteten Armen).*
        Ich kann nicht leben
  Ohne dich!
DER KAISER. Geh fort von mir!
DIE HEXE.
  Sieben Jahre!
DER KAISER.   Trug und Taumel!
  Sieben Tage brachen alles!
DIE HEXE.
  Hör mich an!
DER KAISER.   Vorbei! vorbei!
DIE HEXE.
  Keine Stunde! Deine Lippen
  Beben noch.
DER KAISER.   Gott hats gewendet!
  Jeden Schritt von deinen Schritten
  Gegen dich! Aus allen Klüften,
  Von der Straße, aus den Wäldern,
  Aus dem Boden, aus den Lüften
  Sprangen Engel, mich zu retten!
  Wo ich hingriff, dich zu spüren,
  Taten sich ins wahre Leben
  Auf geheimnisvolle Türen,
  Mich mir selbst zurückzugeben.

DIE HEXE *(schleudert ihre goldene Lilie zu Boden, die sogleich*
  zu Qualm und Moder zerfällt).
  Hingest doch durch sieben Jahr
  Festgebannt an diesen Augen
  Und verstrickt in dieses Haar!
  Völlig mich in dich zu saugen
  Und in mir die ganze Welt;
  Hexe denn! und Teufel du,
  Komm! uns ziemt das gleiche Bette!

DER KAISER.
  Willst du drohen? sieh, ich stehe!
  Sieh, ich schaue! sieh, ich lache!
  Diese Flammen brennen nicht!
  Aber grenzenlose Schwere
  Lagert sich in dein Gesicht,
  Deine Wangen sinken nieder,
  Und die wundervollen Glieder
  Werden Runzel, werden Grauen
  Und Entsetzen anzuschauen.

DIE HEXE *(zusammensinkend, wie von unsichtbaren Fäusten*
  gepackt).
  Sonne! Sonne! ich ersticke!
  (Sie schleppt sich ins Gebüsch, schreit gellend auf und rollt im
  Dunkel am Boden hin. Die Sonne ist fort. Der Kaiser steht,
  die Augen starr auf dem Gebüsch. Eine undeutliche Gestalt,
  wie ein altes Weib, humpelt im Dickicht nach rückwärts.)

DER KAISER.
  Gottes Tod! dies halten! haltet!
  Wachen! Kämmrer! dort! dort! dort!

TARQUINIUS *(kommt gelaufen).*
  Hoher Herr!

DER KAISER.   Die Wachen, dort!
  Sollen halten!
  (Lange Pause.)

TARQUINIUS *(kommt wieder).*

   Herr, die Wachen
Schworen: niemand ging vorüber
Als ein runzlich altes Weib,
Eine wohl, die Beeren sammelt
Oder dürres Holz.

DER KAISER *(ihn anfassend, mit einem ungeheuren Blick).*

     Tarquinius!
*(Zieht ihn an sich, überlegt, schweigt eine Weile, winkt ihm
wegzutreten, kniet nieder.)*
Herr, der unberührten Seelen
Schönes Erbe ist ein Leben,
Eines auch ist den Verirrten,
Denen eines, Herr, gegeben,
Die dem Teufel sich entwanden
Und den Weg nach Hause fanden.
(Während seines Gebetes ist der Vorhang langsam gefallen.)

Editorische Notiz

Den Texten der vorliegenden Ausgabe liegt jeweils derjenige Druck zugrunde, mit dem die Genese abgeschlossen ist. Emendationen wurden vorgenommen, wenn nach Ausweis der sonstigen Überlieferung Fehler vorlagen.

Gestern. Dramatische Studie (1891). In: Kleine Dramen. Bd. 1. Leipzig: Insel-Verlag, 1907. S. [5]–53.

Der Tod des Tizian (Bruchstück. 1892). In: Die gesammelten Gedichte. Leipzig: Insel-Verlag, 1907. S. [77]–100.

Emendationen: 43,15 *und* 43,25: *Absätze fehlen*   50,13 Blau] blau   52,26 goldumrandet] goldumrundet   52,31 weißem] weißen   53,22 licht und lau] Licht und Tau   54,9 Gianino] Antonio

Der Tor und der Tod (1893). In: Kleine Dramen. Bd. 1. Leipzig: Insel-Verlag, 1907. S. [55]–83.

Die Frau im Fenster. In: Pan. Jg. 4. H. 2. 15. November 1898. S. 79–87.

Emendationen: 81,26 bebt] hebt   83,5 eingesperrt] eingeperrt]

Das kleine Welttheater oder Die Glücklichen. In: Kleine Dramen. Leipzig: Insel-Verlag, 1906. S. 105–132.

Der weiße Fächer. Ein Zwischenspiel (1897). In: Die Gedichte und Kleinen Dramen. Leipzig: Insel-Verlag, 1911. S. 132–160.

Der Kaiser und die Hexe (1897). In: Die Gedichte und Kleinen Dramen. Leipzig: Insel-Verlag, 1911. S. 161–196.

Emendationen: 160,22 horcht] hört   168,1 f. *und . . . Kaiser] fehlt*   168,13 gestorben.] verstorben.   181,11 *stellt ihm] stellt*   184,28 Aus dem] Von dem

Literaturhinweise

Zu den Lyrischen Dramen allgemein

Alewyn, Richard: Über Hugo von Hofmannsthal. Göttingen 1958.

Pestalozzi, Karl: Sprachskepsis und Sprachmagie im Werk des jungen Hofmannsthal. Zürich 1958.

Hoppe, Manfred: Literatentum, Magie und Mystik im Frühwerk Hofmannsthals. Berlin 1968.

Pickerodt, Gerhard: Hofmannsthals Dramen. Kritik ihres historischen Gehalts. Stuttgart 1968.

Kobel, Erwin: Hugo von Hofmannsthal. Berlin 1970.

Tarot, Rolf: Hugo von Hofmannsthal. Daseinsformen und dichterische Struktur. Tübingen 1970.

Meyer-Wendt, Jürgen: Der frühe Hofmannsthal und die Gedankenwelt Nietzsches. Heidelberg 1973.

Muerdel-Dormer, Lore: Hugo von Hofmannsthal. Das Problem der Ehe und seine Bedeutung in den frühen Dramen. Bonn 1975.

Szondi, Peter: Studienausgabe der Vorlesungen. Bd. 4: Das lyrische Drama des Fin de Siècle. Hrsg. von Henriette Beese. Frankfurt a. M. 1974.

Böschenstein, Bernhard: Hofmannsthal, George und die französischen Symbolisten. In: B. B.: Leuchttürme. Von Hölderlin zu Celan. Wirkung und Vergleich. Frankfurt a. M. 1977.

Wuthenow, Ralph-Rainer: Muse, Maske, Meduse. Europäischer Ästhetizismus. Frankfurt a. M. 1978.

Briese-Neumann, Gisa: Ästhet – Dilettant – Narziss. Untersuchungen zur Reflexion der fin de siècle-Phänomene im Frühwerk Hofmannsthals. Frankfurt a. M. 1985.

Frink, Helen: Animal Symbolism in Hofmannsthal's Works. New York 1987.

Neumann, Gerhard: Proverb in Versen oder Schöpfungsmysterium? Hofmannsthals Einakter zwischen Sprach-Spiel und Augen-Blick. In: Hofmannsthal Jahrbuch – Zur europäischen Moderne 1 (1993) S. 183–234.

Osterkamp, Ernst: Die Sprache des Schweigens bei Hofmannsthal. In: Hofmannsthal Jahrbuch – Zur europäischen Moderne 2 (1994) S. 111–137.

Zu *Der Tor und der Tod*

Seeba, Hinrich C.: Kritik des ästhetischen Menschen. Hermeneutik und Moral in Hofmannsthals *Der Tor und der Tod*. Bad Homburg v. d. H. 1970.

Porter, Michael: Hugo von Hofmannsthal's *Der Tor und der Tod* The Poet as Fool. In: Modern Austrian Literature 5 (1972) S. 14–29.

Bennett, Benjamin: Hugo von Hofmannsthal: The Theatres of Consciousness. Cambridge 1988.

Zu *Die Frau im Fenster*

Weinhold, Ulrike: Die Renaissancefrau des Fin de siècle. Untersuchungen zum Frauenbild der Jahrhundertwende am Beispiel von R. M. Rilkes *Die weiße Fürstin* und Hofmannsthals *Die Frau im Fenster*. In: Aufsätze zu Literatur und Kunst der Jahrhundertwende. Hrsg. von Gerhard Kluge. Amsterdam 1984. S. 235–271.

Zu *Der weiße Fächer*

Strohschneider-Kohrs, Ingrid: Gesten der Selbsterfahrung in Hofmannsthals *Der weiße Fächer*. In: Das neuzeitliche Ich in der Literatur des 18. und 20. Jahrhunderts. Zur Dialektik der Moderne. Ein internationales Symposion. Hrsg. von Ulrich Fülleborn und Manfred Engel. München 1987. S. 249–273.

Zu *Das kleine Welttheater*

Wiese, Benno von: Hofmannsthal. *Das kleine Welttheater*. In: B. v. W.: Das deutsche Drama, Bd. 2. Düsseldorf 1958. S. 229–243.

Baumann, Gerhart: Hugo von Hofmannsthal. *Das kleine Welttheater*. In: G. B.: Vereinigungen. Versuche zur neueren Dichtung. München 1972. S. 36–74.

Zu *Der Kaiser und die Hexe*

Zelinski, Hartmut: Brahman und Basilisk. Hugo von Hofmannsthals poetisches System und sein lyrisches Drama *Der Kaiser und die Hexe*. München 1974.

Janz, Marlies: Marmorbilder. Weiblichkeit und Tod bei Clemens Brentano und Hugo von Hofmannsthal. Königstein i. Ts. 1986.

Hoppe, Manfred: *Der Kaiser und die Hexe*. Eduard von Bülows Novellenbuch als Quellenwerk für Hugo von Hofmannsthal. In: Deutsche Vierteljahrsschrift für Literaturwissenschaft und Geistesgeschichte 62 (1988) S. 622–668.

Dangel, Elsbeth: »Sieh, ich stehe!« Blick und Bewegung der Geschlechter in Hofmannsthals *Der Kaiser und die Hexe* und Maeterlincks *Pelléas et Mélisande*. In: Hofmannsthal Jahrbuch – Zur europäischen Moderne 2 (1994) S. 157–180.

Nachwort

Die lyrischen Dramen Hugo von Hofmannsthals entstanden in den Jahren 1891 bis 1897. Sie gehören, neben Gedichten und Essays, zu dem Frühwerk, das den Dichter schnell berühmt werden ließ und sich dauerhaft mit seinem Namen verknüpfte. Ein souveräner Umgang mit der Sprache, umfassende Bezüge zur europäischen Kultur und tiefgehende Einblicke in entscheidende Lebenssituationen ließen für die Zeitgenossen Texte zum Faszinosum werden, deren Autor 1891 ein siebzehnjähriger Schüler war. Hundert Jahre später vermag der Sprachklang immer noch zu bezaubern, können die heraufbeschworenen Bilder eindrucksvoll und die Menge der Bezüge überwältigend wirken, aber der Abstand erlaubt es auch, Fragen zu stellen und zu überlegen, was diese Stücke heute noch zu erkennen geben.

Gewiß greifen sie Themen auf, die sich als Signaturen einer späten Zeit, der neunziger Jahre des 19. Jahrhunderts, bestimmen lassen; gewiß sind auch Sprache und Bildlichkeit sowie das Verhältnis zu der vorhandenen Kultur von dieser Zeit mitgeprägt; dennoch erschöpfen sich die Texte nicht darin, Auskunft über die Jahre ihrer Entstehung zu geben. Das Gegengewicht bildet eine radikale Kritik an zeitgenössischen Phänomenen, die von nichts geringerem geleitet wird als der Frage nach dem richtigen Leben. Auf diese immer aktuelle, aber zugleich immer anders zu stellende Frage versuchen die Stücke Antworten zu geben, die von Erscheinungen ihrer Zeit ausgehen und entsprechende Aspekte thematisieren, von denen jeder für sich einen Blickwinkel auf das Problem eröffnet.

Für den jungen Autor verbindet sich die Frage nach dem richtigen Lebensentwurf mit der Frage nach dem möglichen Gedicht. Angesichts eines Reichtums von überlieferter Kultur, die alle Möglichkeiten schon erschöpft zu haben scheint, bleibt vermeintlich nichts übrig als das Los des Epigonen, der bereits gelebtes Leben und bereits gestaltete Kunst noch einmal gestaltet und lebt und der dabei die eigene Gegenwart als »trüb und leer« (*Der Tod des Tizian*, letzter Monolog des Desiderio) verachtet. Dem hält Hofmannsthal von Anfang an die Einsicht entgegen: »Und wo du stehst, dort ist die Zeitenwende!«[1] Damit ist die Aufgabe verbunden, dem eigenen Standpunkt gemäß das richtige Wort und das richtige Handeln zu finden. Von Anfang an beinhalten die Hofmannsthalschen Texte eine fortwährende Kritik am konventionellen Sprachgebrauch, am Gebrauch einer fremd gewordenen Wortsprache, die mit der eigenen Wirklichkeit nichts oder zu wenig zu tun hat.[2] Diese Sprachkritik kann nicht zur Ruhe kommen, weil die eigene Sprache ebensowenig wie die eigene Wirklichkeit definitiv zu erreichen ist. Wirkliche Sprache, so die Auskunft der Texte, läßt sich nicht planen, sondern erscheint intuitiv: »Grad wie wenn Worte, die wir täglich sprechen, / In unsre Seele plötzlich leuchtend brechen« (*Gestern*, 8. Szene, Fantasio). Das alltägliche Wort kann in einer bestimmten Situation wahr sein, weil es den lebendigen Zusammenhang trifft. Von diesem intuitiven Aufscheinen der Wahrheit ist in Hofmannsthals frühen Texten immer wieder die Rede – allerdings die Rede in Worten; später wird er dafür andere mediale Möglichkeiten finden – wie die stumme Gebärde –, die sich insbesondere in der Zusammenarbeit mit anderen Künsten nach 1900 entwickeln werden.

---

1 Hugo von Hofmannsthal, *Epigonen*, in: H. v. H., *Gesammelte Werke in Einzelausgaben. Gedichte, Dramen I*, hrsg. von Bernd Schoeller in Beratung mit Rudolf Hirsch, Frankfurt a. M. 1979 [im folgenden zit. als: GW], S. 119.
2 Vgl. Richard Brinkmann, »Hofmannsthal und die Sprache«, in: *Deutsche Vierteljahrsschrift für Literaturwissenschaft und Geistesgeschichte* 35 (1961) H. 1, S. 80 f.; Andreas Thomasberger, *Verwandlungen in Hofmannsthals Lyrik*, Tübingen 1994, Kap. I: »Die Frage nach dem möglichen Gedicht«, S. 35–53.

Wenn der Dichter intuitiv das lebendige Wort finden soll, wird der Umgang mit der vorliegenden Sprache, mit überlieferten kulturellen Gestalten zum Problem. Hofmannsthals Frühwerk weist unterschiedliche Formen der Anlehnung an Vorhandenes auf, Formen, mit denen sich die jeweilige Sprachgestalt in je unterschiedlicher Weise qualifiziert. Generell zeichnet der reflektierte Umgang mit der Situation, nur noch in Zitaten sprechen zu können, die Stücke als modern aus. Modern in dem Sinn, daß sie von Anfang an die Einsicht vermitteln, daß der vorgeblich unvermittelte Ausdruck scheinbar eigener Empfindungen nicht möglich ist. »Ich habe gar keine eigenen Empfindungen, citiere fortwährend in Gedanken mich selbst oder andere«, schreibt Hofmannsthal am 13. Juli 1891 an Arthur Schnitzler.[3] Was als Beschreibung eines subjektiven Zustands gelesen werden könnte, formuliert exakt die Situation des modernen Künstlers, der nicht bemüht ist, seine Empfindungen zum Ausdruck zu bringen, sondern in einer Welt von Zitaten versucht, Gestalten anzuordnen, in denen er sich selbst wiederfinden kann.

Für Hofmannsthal erweist sich die Möglichkeit kontinuierlicher Selbstvergewisserung als notwendig verbunden mit einem Du, als Möglichkeit des sozialen Austauschs. Deshalb sagt im letzten der hier vorliegenden Stücke, *Der Kaiser und die Hexe*, der Kaiser zum Kämmerer: »wer nicht wahr ist, wirft sich weg!«, wobei wahr sein und wahr reden einander entsprechen: »Und wenn du ein Wesen lieb hast, / Sag nie mehr, bei deiner Seele! / Als du spürst.« Gerade die Einsicht, daß das sogenannte Eigene ausschließlich in den Medien des Austauschs greifbar wird, führt zum verantwortlichen Umgang mit diesen sprachlichen Mitteln: zur

3 Zit. nach: Hugo von Hofmannsthal, *Sämtliche Werke. Kritische Ausgabe in 38 Bänden*, veranst. vom Freien Deutschen Hochstift, Frankfurt am Main, hrsg. von Rudolf Hirsch [u. a.], Bd. 3: *Dramen 1*, hrsg. von Götz Eberhard Hübner, Klaus-Gerhard Pott, Christoph Michel, Frankfurt a. M. 1982 [im folgenden zit. als: SW], S. 310.

Achtsamkeit darauf, ob sie in der jeweiligen Situation ange-
messen sind. Diese Angemessenheit kann der Dichter vor-
führen, und Hofmannsthal hat – im Sinne der Frage nach
dem richtigen Leben – immer wieder die Frage nach dem
richtigen Sprechen zum Motiv gehabt und zum Erkennen
gebracht.

Im Sommer 1891 entstand *Gestern*; Ansätze dazu sind
seit Anfang dieses Jahres zu finden. Hofmannsthal nimmt
für seine »Dramatische Studie« Formen und Namen aus
den *Comédies et Proverbes* Alfred de Mussets auf. Mit der
Form der lose zusammenhängenden Szenenfolge orientiert
er sich zudem an den kleineren Lesedramen Robert Brownings; eine Reihe von Versen aus eigenen Gedichten sind
in den Dramentext aufgenommen. Inhaltlich gestaltet die
»Studie« auch Gedanken Friedrich Nietzsches, mit dessen
Schriften *Menschliches, Allzumenschliches* und *Die fröhliche
Wissenschaft* Hofmannsthal sich zu dieser Zeit beschäftigte.
Lektürenotizen bezeugen allerdings, daß er die Aphorismen
nicht auf ihren rationalen Gehalt hin, sondern vorwiegend
als Ausdruck von Stimmungen las. Das im Stück vollzogene
Gedankenexperiment läßt den Protagonisten Andrea die
Thesen aufstellen, das Ich und der Augenblick seien alles.
Diese Thesen werden im Lauf der Szenen widerlegt, so daß
Andrea schließlich den Zusammenhang von Dauer und der
Beziehung auf ein Du erfährt. Aus seiner Gewohnheit,
Freunden eine Funktion für verschiedene Stimmungen zu-
zuweisen und zwischen den wechselnden Stimmungs-
zuständen keinen Zusammenhang zu sehen, reißt ihn die Ent-
deckung des Eigenlebens seiner Partnerin Arlette. Entschei-
dend ist, daß das Wort »Gestern« »plötzlich leuchtend« in
Andreas Seele bricht. Dadurch wird es ihm unmöglich, den
anderen Menschen und die vergangene Zeit zu ignorieren,
indem er beide mit seinen Stimmungen verklärt.

Hofmannsthal nannte das Stück schon während der Arbeit daran »ein himmelblaues Lehrgedicht« (an Hermann

Bahr, 2. Juli 1891[4]), sprach aber ein Jahr später davon, daß
seine »Lieblingsform von Zeit zu Zeit, zwischen größeren
Arbeiten, eigentlich das Proverb in Versen mit einer Moral
[wäre]; so ungefähr wie ›Gestern‹ nur pedantesker, menu-
etthafter [. . .]; das ist eigentlich das ideale Lustspiel aber mit
einem Stil für Tanagrafiguren oder poupées de Saxe« (an
Marie Herzfeld, 5. August 1892[5]). Der Gedanke, daß diese
lyrischen Dramen nicht von Menschen, sondern von Puppen zu spielen wären, wird sich immer wieder einstellen.
Gestern erschien im Oktober und November 1891 in der
avantgardistischen Literaturzeitschrift *Moderne Rundschau*
und im Dezember als Separatdruck sowie im Februar/März
1892 als kleines Buch: jeweils unter dem Pseudonym Theo-
phil Morren, da es dem Autor als Schüler nicht gestattet
war zu veröffentlichen.
    Nachdem Hofmannsthal die Szenen den Freunden Ar-
thur Schnitzler, Felix Salten und Richard Beer-Hofmann
vorgelesen hatte, notierte Schnitzler in seinem Tagebuch:
»von großer Schönheit; etwas das wol selten von einem jungen und auch selbst selten von einem älteren geschrieben
wird. Man bekam eine neue Zärtlichkeit für seine eigene
Neurose.«[6] Eine besonnene Rezension von Gustav Schön-
aich endet mit dem berühmt gewordenen Ausruf: »Oester-
reich hat wieder einen Dichter« (*Wiener Tagblatt*, 3. Januar
1892[7]). Aus dem Abstand von dreißig Jahren zurück-
blickend, versteht Hofmannsthal »Gestern als Embryo des
poetischen Gesellschaftslustspiels« (an Max Pirker, 18. April
1921[8]), mehrfach bezeichnet er es als »Voraussetzung von
Tor und Tod« (*Ad me ipsum*, um 1923[9]).

4 SW, S. 309.
5 SW, S. 319.
6 SW, S. 311.
7 SW, S. 314.
8 SW, S. 325.
9 SW, S. 325.

Im Zeitraum von November 1891 bis Februar 1892 entstand *Der Tod des Tizian*. Hofmannsthal berichtet in einem Brief aus dem Jahr 1929: »Es war das Jahr der Matura und ich hatte eben sehr wenig Zeit, deshalb brach es ab – denn es hätte ein viel größeres Ganzes werden sollen. Es sollte diese ganze Gruppe von Menschen (die Tizianschüler) mit der Lebenserhöhung, welche durch den Tod (die Pest) die ganze Stadt ergreift, in Berührung gebracht werden. Es lief auf eine Art Todesorgie hinaus: das Vorliegende ist nur wie ein Vorspiel – alle diese jungen Menschen stiegen dann, den Meister zurücklassend, in die Stadt hinab und erlebten das Leben in der höchsten Zusammendrängung – also im Grund das gleiche Motiv wie im ›Tor und Tod‹.

Diese Welt (Venedig u. die Tizianschüler) war an die Stelle einer anderen Welt plötzlich eingesprungen: denn etwa einen Monat vorher wollte ich das Gastmahl der verurteilten Girondisten so darstellen. Die Form [...] hat etwas mit den lyrisch-dramatischen Dichtungen von Lenau zu tun, den ich mit 15, 16 leidenschaftlich gelesen hatte« (an Walther Brecht, 20. Januar 1929[10]).

Im Dezember 1891 lernte Hofmannsthal Stefan George kennen. George hatte in Paris dem Kreis um Stéphane Mallarmé angehört; im Januar 1892 schenkte er Hofmannsthal eine Abschrift von Mallarmés *L'après-midi d'un faune*. Die Begegnung mit Stefan George war von größter Bedeutung: Hofmannsthal sah sich in seinen künstlerischen Bestrebungen bestätigt und bereichert; zugleich sah er sich einer Persönlichkeit gegenüber, die ihren Lebensentwurf als Künstler konsequent gegen die Zeit stellte. Erschien die Strenge dieser Haltung mit ihrer Verachtung des gewöhnlichen Lebens ihm letztlich nicht annehmbar, so zeigen die Texte aus dieser Zeit allenthalben Übereinstimmungen mit Verfahrensweisen und Bildkomplexen der symbolistischen Kunst. Für beides – die persönliche Begegnung mit Stefan George und

10 SW, S. 386.

die Aufnahme symbolistischer Dichtung – enthält *Der Tod des Tizian* eine Vielzahl von Belegen.

So verwendet Hofmannsthal wörtliche Zitate aus Georges Briefen, wie die Anrede des Prologs durch den Dichter mit »o mein Zwillingsbruder«, und läßt die Gestalt des Desiderio im Sinne Georges sprechen. Bereits der Tageszeit, zu der das Stück spielt, »Spätsommernachmittag«, kommt symbolische Bedeutung zu, ebenso dem Moment im Leben Tizians, der den spannungsreichen Hintergrund bildet: vom Ende (des Tages bzw. des Lebens) her wird ein zusammenfassender Rückblick möglich. Diese bedeutsame Situierung am Abend wird in den weiteren Texten Hofmannsthals immer wieder anzutreffen sein.

Hier ist der Rückblick den unterscheidbaren Verhältnissen zur Schönheit gewidmet; eine Notiz lautet: »die Schüler, die Talente, haben die relative, Tizian, der Genius, die absolute Schönheit«.[11] Hinzu kommt die naive Schönheit, »wie ein Kind, das lacht« (Prolog), die der sechzehnjährige Gianino verkörpert. Dem unreflektierten und dem absoluten Verhältnis zur Schönheit entspricht das Verhältnis zum Leben: Gianino berichtet, Tizian habe gerufen: »Es lebt der große Pan«. Das Kind und der Künstler haben Anteil an der Gesamtheit lebendiger Zusammenhänge, die dazwischenstehenden Talente sind vom absoluten Leben wie von der absoluten Schönheit getrennt und verhalten sich nur passiv.

Hofmannsthal stellt diese Unterschiede dar, indem er wieder für »Stimmungen« aus Nietzsches *Fröhlicher Wissenschaft* Gestalten erfindet,[12] indem er das Sehen zum Thema macht und Beschreibungen gibt, die visuell Bilder entstehen lassen dadurch, daß sie vorwiegend Farben nennen: »rosig helles Gelb und helles Grau, / Zu ihren Füssen schwarzer Schatten Blau« und indem er gerade die naive

11 SW, S. 351 (N 12).
12 Vgl. die Aufzeichnungen in: SW, S. 343–346.

Traumerzählung Gianinos höchst kunstvoll gestaltet. Hier erscheint die Natur personifiziert, und hier finden sich die meisten Anklänge an Dichtungen Mallarmés und Georges.[13] Auf ein Gestaltungselement, das das Medium der Sprache verläßt, macht Gerhard Neumann aufmerksam, wenn er vom »Bildspiel der Gemälde Tizians im Hintergrund« spricht.[14] Gemeint sind die als religiöses Ritual hervorgehobene stumme Szene: »Pagen tragen zwei Bilder über die Bühne (die Venus mit den Blumen und das große Bacchanal); die Schüler erheben sich und stehen, solange die Bilder vorübergetragen werden, mit gesenktem Kopf, das Barett in der Hand« und das als unsichtbare Handlung außerhalb der Szene entstehende letzte Bild, das nur aus der Beschreibung der Mädchen ahnbar wird.

Die fehlende Handlung im Vordergrund der Szene veranlaßte Hofmannsthal wahrscheinlich, das Fragment »viel eher ein[en] Dialog in der Manier des Platon aus Athen als ein Theaterstück« zu nennen (an Alfred Freiherrn von Berger, 5. Oktober 1892[15]). Veröffentlicht wurde *Der Tod des Tizian* im Oktober 1892 im ersten Band von Stefan Georges *Blättern für die Kunst*; für die Aufführung bei der Totenfeier für Arnold Böcklin am 14. Februar 1901 im Münchener Künstlerhaus schrieb Hofmannsthal einen anderen Prolog und nahm besonders gegen Ende des Textes einige Änderungen vor.[16]

Das Motiv des toten Lebens, das durch den Tod lebendig wird, wie es bisher ansatzweise vorbereitet war, gestaltet Hofmannsthal am konsequentesten in dem im März/April

---

13 Bernhard Böschenstein, »Hofmannsthal, George und die französischen Symbolisten«, in: B. B., *Leuchttürme*, Frankfurt a. M. 1977, S. 232 f.
14 Gerhard Neumann, »Proverb in Versen oder Schöpfungsmysterium? Hofmannsthals Einakter zwischen Sprach-Spiel und Augen-Blick«, in: *Hofmannsthal Jahrbuch* 1 (1993) S. 186.
15 SW, S. 377.
16 Vgl. SW, S. 221–235.

1893 entstandenen »neuen Todtentanz«[17] *Der Tor und der Tod*. Die Hauptrolle spielt der Tod, der Zeitraum ist die Todesstunde, die in genauer Symbolik zur Zeit der »Abendsonne« angeordnet ist. Der Tod läßt drei Tote auftreten, die dem Protagonisten, Claudio, einem Edelmann, jeweils vor Augen führen, wie wenig er sie, die Mutter, die Geliebte, den Freund, lebendig wahrgenommen hat. Das tote Leben, das er führte, war gekennzeichnet von genießender, verstehender Distanz, die das unverbindliche Spiel nie aufgab. Der Tod, so eine Notiz aus dem Januar 1894, ist »das erste wahrhaftige Ding [...], das ihm begegnet, das erste Ding, dessen tiefe Wahrhaftigkeit er zu fassen im Stande ist; ein Ende aller Lügen, Relativitäten, Gaukelspiele davon strahlt dann auf alles andere Verklärung aus«.[18]

Dieser Tod kündigt sich mit Geigenspiel an, er ist »aus des Dionysos, der Venus Sippe«. In dem Gedicht *Erlebnis* (1892) ist die intuitive Erkenntnis gestaltet:

> Das ist der Tod. Der ist Musik geworden,
> Gewaltig sehnend, süß und dunkelglühend,
> Verwandt der tiefsten Schwermut.[19]

Als Angehöriger des Dionysos löst der Tod die festen Formen auf; der Anziehungskraft, die zumindest seiner Musik zukommt, steht jedoch im Gedicht wie im Drama »Ein namenloses Heimweh [...] nach dem Leben« (›Erlebnis‹) gegenüber. Claudio beschreibt die Musik als auflösend »Des allzualten, allzuwirren Wissens [...] Last« und »ein kaum geahntes Leben« ankündigend. Doch die Musik des Todes bedeutet im Stück auch, daß die Möglichkeit eines neuen Lebens verspielt ist: der Glanz, der vom Tod auf das Leben fällt, kommt für den Toren zu spät. Im Juni 1892 hatte Hofmannsthal notiert: »Montaigne. que philosopher .. einer der sich selbst überlebt (oder in der Hand des Todes sein

17 SW, S. 435 (N 1).
18 SW, S. 448.
19 GW, S. 19.

Leben als abgeschlossen und vergangen erblickt) und über
sein verlorenes, unverstandenes, zweckloses Leben weint«,
um dann 1894 hinzuzufügen: »aus solchen Stimmungen ist
der ›Tor und Tod‹ entstanden«.[20]

Das Stück spielt in den zwanziger Jahren des 19. Jahrhunderts (die Regieanweisung »Kostüm der zwanziger Jahre
des vorigen Jahrhunderts« entspricht den Drucken nach
1900), und für seine Sprache sind Vorbilder wie Goethe, Lenau und Shakespeare genannt worden. Wie weit der Spiel-
raum für mögliche Quellen Hofmannsthals reicht, zeigen
die ersten zehn Verse, deren Naturbeschreibung weitgehend
wörtlich auf den Brief einer Jugendfreundin aus dem Mai
1892 zurückgeht.[21] Es betont noch einmal die Symbolbe-
deutung der Tageszeiten, wenn der im Brief beschriebene
Vormittag im Stück zum Abend wird.

Die »tragédie-proverbe« erschien im *Modernen Musen-
Almanach auf das Jahr 1894* unter dem Pseudonym
»Loris«. Am 28. März 1897 las Hofmannsthal das Stück in
Wien, im Bösendorfer-Saal, und am 13. November 1898
wurde es unter Leitung von Ludwig Ganghofer im Mün-
chener Theater am Gärtnerplatz uraufgeführt. Bei einer In-
szenierung Max Reinhardts 1908 in Berlin spielte Gertrud
Eysoldt die Mutter. Für sie schrieb Hofmannsthal den
Schluß der Rolle um:

– Aber mir ist nicht gegönnt
daß ich hierbleiben dürfte, ungesehen,
und süße Luft vergangnen Lebens athmen.
Ich darf den Schrank nicht aufthun, ich darf nirgends
nachsehen, ob sie ihm sein Haus in Ordnung halten
dem armen Kind. Ich muß ja gehen, gehen.[22]

20 SW, S. 450.
21 Vgl. Andreas Thomasberger, »Eine Anregung zum Eingangsmonolog von
Der Tor und der Tod«, in: *Hofmannsthal Blätter* 29 (1984) S. 42–44.
22 Veröff. von Leonhard M. Fiedler, »Die Sorge der Mutter. Hugo von Hofmannsthals Verse für Gertrud Eysoldt in Max Reinhardts Inszenierung
von *Der Tor und der Tod* (1908)«, in: *Poetry Poetics Translation. Festschrift*

Während bei der Münchener Inszenierung für Hofmannsthal »zuviel Musik«[23] durch Bernhard Stavenhagens Kom-
position für Geige und Harfe hinzukam, bereitete ihm die
Musik Eugen d'Alberts für die Berliner Aufführung »eine
Art Fascination, durch diese so wundervoll erfundenen,
rufenden, suchenden, merkwürdigen Töne«.[24]

Das Bestreben, aufführbare Stücke zu schreiben, zeigt
sich mit Hofmannsthals Streichungen, die er im Text wie-
derholt vornahm. Im November 1898, nach der Münchener
Uraufführung, schreibt er: »Ich bin sehr froh, denn ich
scheine den Forderungen des Theaters wesentlich näher gekommen zu sein« (an Hermann Bahr[25]). Von Kritikern
wurde die Goethe-Nähe der Verse bemerkt, Alfred Kerr
spricht vom »Goethestil, fast parodistisch« (Juni 1900[26]).
Hofmannsthal selbst sieht 1906 den »Tor und Tod« überbe-
wertet, bemerkt aber trotzdem: »Von diesem hat sich eine
Generation (und jetzt schon die zweite heraufkommende)
sehr stark in ihrem eignen pathologischen Gehalt getroffen
gefühlt« (an Georg Brandes[27]). 1893, während oder wenig
nach Abfassung des Stückes, schrieb er einen Prolog dazu,
der das Zusammentreffen von vier Freunden, leicht zu iden-
tifizieren als Beer-Hofmann, Salten, Schnitzler und Hofmannsthal, schildert:

> Leise las Andrea ihnen
> Eine seltsame gereimte
> Kleine Todtentanzcomödie.[28]

Der Prolog wurde nicht mit dem Stück zusammen, sondern
erst postum gedruckt.

in Honor of Richard Exner, hrsg. von Ursula Mahlendorf und Laurence
Rickels, Würzburg 1994, S. 102.
23 SW, S. 456.
24 SW, S. 473.
25 SW, S. 457.
26 SW, S. 465.
27 SW, S. 470.
28 GW, S. 301–306.

Die übrigen vier lyrischen Dramen schrieb Hofmannsthal
1897, zum größten Teil während einer Reise nach Italien.
War das *Kleine Welttheater* bereits im Oktober 1896 begon-
nen worden, löste im August 1897 *Die Frau im Fenster* die
Arbeit daran ab. Am 19. August las Hofmannsthal in Ve-
rona Gabriele d'Annunzios dramatisches Gedicht *Traum
eines Frühlingsmorgens (Sogno d'un mattino di primavera*,
1897) und fand darin eine Geschichte, die ihn zur Ausarbei-
tung reizte. Auf die dann von Hofmannsthal als Motto verwandte Frage der Wahnsinnigen in d'Annunzios Stück: »Sie
kennen die Geschichte der Madonna Dianora?« und die
Antwort des Arztes: »Undeutlich. Ich erinnere mich nicht
mehr . . .« folgt: »Sie liebte Palla degli Albizi, einen Jüngling. In den mondlosen Nächten warf sie ihm vom Geländer
dieser Loggia eine seidene Leiter in den Garten hinab, fein
wie ein Spinnengewebe, stark wie ein Waffenrock. Oh, ich
weiss es, wie sie ihm vom Geländer herab die glühenden
Lippen reichte, die süsse Mandel ihres Gesichtes, die nackte,
in der goldenen Schale halb eingeschlossene . . . Aber eines
Nachts überraschte sie Messer Braccio; zog die mitschuldige
Leiter zurück, machte eine Schlinge daraus für das hinabge-
beugte Haupt«.[29] In sein Exemplar des *Sogno* notierte Hofmannsthal die erste Konzeption seines Stücks: »in einem
Erker   in a balcony   dramatisieren. 2 rechte Renaissance
gesichter dazu suchen. ein Gespräch wo sie ihn wie faszi-
niert vom Unheil immer weiter treibt, ihm die Leiter hin-
hält, bis er sie daran erwürgt. Messer Braccio Madonna
Dianora   Die Amme (mit der das geheimnisvoll unent-
rinnbare des Schicksals besprochen wird) eine Angelus Sile-
sius Stimmung durchklingend«.[30] Mit dem Stichwort »in a
balcony« ist ein Bezug auf Robert Brownings lyrische Dramen angedeutet, Harry Graf Kessler schreibt am 11. Juli
1898: »Das Monodrama, das Sie [. . .] geschaffen haben, er-

---

29 Gabriele d'Annunzio, *Traum eines Frühlingsmorgens. Dramatisches Ge-
     dicht*, Deutsch von Linda von Lützow, Berlin 1900, S. 35.
30 SW, S. 514 (N 1).

innert mich in der Form noch am ersten an Brownings kleine Dramen, aber tief in Schönheit und Wohllaut getaucht«.[31] In Hofmannsthals Stück werden die Motive des Abends und des Todes subtil variiert und erweitert: Dianora nimmt die Wirklichkeit mit dem verwandelten Blick der Liebe wahr, der Tag ist ihr nur die zu langsam vergehende Zeit vor der ersehnten Liebesnacht. Der Stolz, der sich auch in dieser Haltung zeigt, erweist sich als ihre schwerste Schuld; die Amme mahnt aus ihrem Glauben heraus zur Demut. Der Sicherheit, den nächsten Tag zu erleben, hält sie ihr »wenn uns der liebe Gott das Leben schenkt« entgegen, das sich im weiteren Verlauf als nur zu begründet erweist.

Das Stück erschien im November 1898 in der Kunstzeitschrift *Pan*, nachdem am 15. Mai die Uraufführung am Deutschen Theater in Berlin – die erste Aufführung eines Hofmannsthalschen Stückes überhaupt – stattgefunden hatte.

Der kurz nach dem Abschluß der *Frau im Fenster* geschriebene umfangreiche »Prolog« (Ende August 1897) wurde von Hofmannsthal nur separat veröffentlicht (*Neue deutsche Rundschau*, Nr. 9, 1898). Er schildert, vom »Dichter« gesprochen, die 72 Stunden, in denen das Stück entstand und schließt mit dem Wunsch:

> Es wär mir beinah lieber, wenn nicht Menschen
> dies spielen würden, sondern große Puppen,
> von einem der's versteht gelenkt an Drähten.[32]

Die Idee des Puppentheaters, bereits 1892 in bezug auf *Gestern* ausgesprochen, stellt sich zu den lyrischen Dramen immer wieder ein.

31 SW, S. 530.
32 GW, S. 339.

So steht unter der Überschrift »Verse für ein durch Wasser getriebenes Puppenspiel«[33] des weiteren eine Vornotiz
zum *Kleinen Welttheater*, dessen Konzeption auf den Früh-
sommer 1893 zurückreicht. Parallel zu *Tor und Tod* sollte
an der »Landstrasse des Lebens« »ein junges Mädchen auf
einer Gartenmauer (sitzen): an ihr kamen Gestalten vorüber«.[34] Die erste Niederschrift des *Kleinen Welttheaters* er-
folgte im Juni 1897, im August nennt Hofmannsthal es eine
»lyrische dialogisierte Kleinigkeit, mit 7 oder 8 Figuren in
der Art eines Puppentheaters« (an den Vater).[35] Er schickt
das Manuskript an Eberhard von Bodenhausen, den Her-
ausgeber des *Pan*, wo im Dezember die Figuren bis zum
»Mädchen« erscheinen. Den Auftritt des »Wahnsinnigen«
mit »Diener« und »Arzt«, auf den der *Pan* aus Platzgrün-
den verzichtet hatte, bringt am 12. Februar 1898 die von
Maximilian Harden herausgegebene *Zukunft*. Die erste
Buchausgabe des ganzen Textes erschien im Insel Verlag
1903, nun mit dem Untertitel »Die Glücklichen«.
Diese Charakterisierung der Figuren erläutert Hofmannsthal mehrfach, so 1903: »Ich mein' damit die innerlich
Reichen. Sie sind es aus den verschiedensten Gründen. Ein
Dichter, ein bildender Künstler. Ein alter Mann, glücklich,
weil er das Leben durchschaut und es abgelegt hat, wie
einen schweren, reichen Mantel. Ein junger Mensch, ein
junges Mädchen, glücklich vor Erwartung und unbewußtem inneren Reichtum. Ein Jüngling, glücklicher als alle in
einem traumhaften – ›wahnsinnigen‹ – Verhältnis der Liebe
und Herrlichkeit zur Welt und allen Geschöpfen« (an Georg Freiherr zu Franckenstein).[36] 1908 spricht er von »Ab-
spiegelungen harmonischer Momente einzelner glücklicher
Seelen, jede einsam [...] mir vielleicht das Liebste von allen

33 SW, S. 593 (N 3).
34 SW, S. 584.
35 SW, S. 585.
36 SW, S. 615.

meinen Dingen« (an Elisabeth Baronin Nicolics).[37] In dem
Verhältnis von Einzelnem und Ganzen sieht Kessler das
Bezeichnende der Gestalten Hofmannsthals: »weil dieses
Bedürfnis das Einzelne sich vom Ganzen, Unendlichen ab-
heben zu lassen, mir typisch für unsere Zeit scheint«.[38]

Eben von dieser Notwendigkeit, das Einzelne sich vom
Ganzen abheben zu lassen, sprechen mehrere der Figuren
des *Kleinen Welttheaters*, wie ihre Reden sich insgesamt
auch mit Grundproblemen künstlerischer Tätigkeit befas-
sen und wie bereits der Spielort, die festgefügte Brücke über
dem lebendigen Fluß, symbolisiert. Motive der Hofmannsthalschen Dichtung bis 1897 finden sich zahlreich im *Kleinen Welttheater*, so bereits wieder der Zeitraum, der in die
Nacht übergehende Abend, der Dichter, als dem Leben und
dem Traum zugehörig, der Kindlichkeit und Majestät verei-
nigende Gärtner und schließlich der »Wahnsinnige«, der
sich dem All-Leben zugehörig fühlt und die menschlichen
Grenzen mit heiterer Geste überspringen will. Hofmannsthal spricht mit Bezug auf ihn von »Geistige[r] Souveräni-
tät: sieht die Welt von oben   Nachteil: sieht nur Totalitä-
ten / sic: ›Kleines Welttheater‹: ›Ein Wesen ists, daran wir
uns entzücken.‹ Das Gegenmotiv auftauchend aber fast nur
ironisch: denn er wendet sich gleich wieder dem Ganzen
Fluß zu.«[39] Das *Kleine Welttheater*, mit seiner Handlungs-
losigkeit und seinen allein sprechenden Figuren, zählte der
Autor zur »eigentlichen Lyrik« seines Jugendœuvres, wenn
er auch »schon dramatische und eigentlich theatralische Ele-
mente« sah (an Max Pirker).[40] Dennoch war er der Auffas-
sung: »Das Kleine Welttheater auf die Bühne zu bringen ist
ein Unding. Es ist eine Suite lyrischer Monologe, ebenso könnte man den westöstl. Divan mit verteilten Rollen

37 SW, S. 620.
38 SW, S. 616.
39 SW, S. 622.
40 SW, S. 624.

spielen lassen« (an Wilhelm Freiherrn von Weckbecker, 1925).[41]

Als »Zwischenspiel« durchaus für die Bühne gedacht – wenn auch zunächst von keinem Theater angenommen – war *Der weiße Fächer*, der zwischen dem 20. und 25. September 1897 entstand. Ein Prolog gibt das Thema an:

Daß Jugend gern mit großen Worten ficht
Und doch zu schwach ist, nur dem kleinen Finger
Der Wirklichkeit zu trotzen.

Diese Thematik findet Gestalt darin, daß die Figuren in den entscheidenden Momenten ihrer Dialoge schweigen[42] und daß die wortlosen Gesten den Worten widersprechen. Besonders raffiniert ist der Umgang mit der zentralen Quelle: der Erzählung von der »Witwe von Ephesus« in der Fassung, die Eduard Grisebach überliefert.[43] Deren Hauptmotiv – eine junge Witwe fächelt das Grab ihres Mannes trocken, weil sie ihm versprochen hat, an keinen anderen zu denken, solange die Erde über ihm nicht getrocknet ist – zieht sich aufgeteilt in einzelne Momente der Handlung durch Hofmannsthals Stück. Die Anspielung muß erkannt werden, wenn dem Rezipienten der Zusammenhang des Textes nicht verlorengehen soll.

Ähnlich arbeitet Hofmannsthal nun mit deutlich gesetzten Zitaten, wenn er Mörikes bekanntes Gedicht *Denk es, o Seele!* in den Text einbezieht: »Irgendwo auf einer Weide laufen zwei Fohlen«, und wenn er eine Stelle aus Goethes Gesprächen mit Eckermann leicht erkennbar aufnimmt: »Lerchen sitzen nie auf Büschen«. Das Zitat wird hier als

---

41 SW, S. 624.
42 Vgl. dazu: Ernst Osterkamp, »Die Sprache des Schweigens bei Hofmannsthal«, in: *Hofmannsthal Jahrbuch* 2 (1994) S. 111–137.
43 Eduard Grisebach, *Die treulose Witwe. Eine orientalische Novelle und ihre Wanderung durch die Weltliteratur*, Leipzig ³1876 [zuerst: 1872]. Vgl. dazu: SW, S. 820 ff.

solches betont, und zugleich kommt seinem Inhalt Bedeutung im Hofmannsthalschen Kontext zu: mit der Frage nach den Lerchen prüft die Großmutter die Realitätswahrnehmung der »mit großen Worten« fechtenden Jugend, das Mörike-Zitat antwortet, durch eine rhetorische Steigerungsfigur vorbereitet, auf die unbestimmten Vorhersagen Fortunios. Auch die Redensart »Du redest wie ein Buch« erhält ihren exakten Sinn durch die Stelle, an der sie im Dialog Mirandas mit Fortunio steht.

Es zeigt sich in diesem Umgang mit bekannten Wendungen und Inhalten nicht zuletzt die Ironie, von der Hofmannsthal in bezug auf den *Weißen Fächer* spricht: »Das Motiv der Treue ironisch im ›weißen Fächer‹.«[44] War in den bisherigen Stücken die Treue als Halt des disparaten Lebens der höchste Wert, so zeigt der *Weiße Fächer*, wie ein Festhalten daran zur leeren Phrase verkommen kann. Für beide Hauptfiguren ist die Treue zu ihren verstorbenen Partnern eine selbstinszenierte Geste geworden, durch die sie dem Leben untreu sind. Die Erfahrung der Großmutter setzt dagegen die Einsicht: »Ich weiß, daß der Tod immer da ist. [...] Aber nach alledem hab ich das Leben lieb, immer lieber.« Ausdruck des Unterschieds zwischen der ironischen Haltung und den großen Worten der Jugend ist zudem die Verwendung von Vers und Prosa im Stück: der Eingangsdialog zwischen Livio und Fortunio ist in Versen geschrieben, die Großmutter spricht Prosa und damit die Sprache der späteren Lustspiele Hofmannsthals.[45]

Im November 1897 erhielt Hofmannsthal die Absage Otto Brahms, des Direktors des Deutschen Theaters in Berlin, dem er den *Weißen Fächer* zur Aufführung zusammen mit der bereits akzeptierten *Frau im Fenster* geschickt hatte.

44 SW, S. 668.
45 Vgl. Peter Szondi, »*Der weiße Fächer*«, in: P. S., *Studienausgabe der Vorlesungen*, Bd. 4: *Das lyrische Drama des Fin de Siècle*, Frankfurt a. M. 1975, S. 297.

Brahm versprach sich »gar keine Bühnenwirkung«[46] von
dem Stück. Hermann Bahr schlug die Veröffentlichung in
der Wiener Kulturzeitschrift *Die Zeit* vor, wo *Der weiße
Fächer* in zwei Folgen, am 29. Januar und am 5. Februar
1898, erschien.

Das letzte der hier vorliegenden lyrischen Dramen, *Der
Kaiser und die Hexe*, entstand von Ende November bis Anfang Dezember 1897. Mit der Wahl der Figuren werden die
Themen der Treue sich selbst gegenüber und der Verfehlung
einer übermäßigen Phantasie gegenüber der Wirklichkeit
auf eine überreale, legendenhafte Ebene gestellt. Die imagi-
näre Gestalt der Hexe, Ziel der Flucht aus der Wirklichkeit,
ist in ihren Eigenschaften schwer festzulegen. Entsprechend
unbestimmt bleibt der Charakter der Verfehlung des Kaisers, der sich ihr sieben Jahre lang hingegeben hat und nun
das Ende des siebenten Tages, an dem er sie nicht berührt,
erreichen muß, um von ihrem Zauber gelöst zu sein. Allein
diese Zahlensymbolik läßt den gleichnishaften Charakter
des Spiels erkennbar werden.

Eine Auflösung der Gleichnisse war Hofmannsthal selbst
auch später nicht möglich, wie aus einem 29 Jahre nach dem
Stück geschriebenen Brief hervorgeht: »Ich denke oft [an
dieses Gedicht], nicht so, wie man an eine abgeschlossene
Arbeit denkt, sondern eher wie an einen Plan oder Entwurf.
Ich glaube zu verstehen, woher dies kommt. Daher, daß ich
als recht junger Mensch in dieser Arbeit einen sehr großen
wahrhaft tiefen Stoff ergriffen habe, aber in halb traumwan-
delnder Weise, ohne ihm ganz gewachsen zu sein, nämlich,
was es auf sich habe mit der Verschuldung des Kaisers,
worin seine Verbindung mit dieser Hexe liege, die – das
fühlt man wohl – im bloßen gemein Sinnlichen sich nicht
erschöpft haben kann. Das wird in dem Stück nicht offen-

46 SW, S. 658.

bar. Ja, ich muß [. . .] es aussprechen, daß dies mir selbst nie
ganz offenbar geworden ist, obwohl ich weiß, es liegt irgendwo hinter dem Ganzen. Am ehesten geben noch die
Reden des Kaisers an den jungen Kämmerer den Schlüssel
zu dem Geheimnis, aber es ist ein Schlüssel, der nicht völlig
in das Schloß paßt und es nicht sperrt.«[47] Über die Reden
des Kaisers an den jungen Kämmerer enthalten Hofmannsthals Aufzeichnungen *Ad me ipsum* (seit 1916) einige Refle-
xionen, so z. B. über den »ganz kleinen Fehltritt« des Kaisers: »Er besteht in einer Verfehlung gegen die Wort-magie.
Die magische Herrschaft über das Wort   das Bild   das
Zeichen darf nicht aus der Prae-existenz in die Existenz
hinübergenommen werden.«[48]

Die Herrschaft über das Wort im vorrealen Zustand der
Phantasie, die nicht den Grenzen der Wirklichkeit unter-
liegt, soll demnach für nicht übertragbar auf die Wirklichkeit gehalten werden, weil dann das eigene Recht der Realität nicht zur Geltung kommt. Die weitergereichte Erfahrung des Kaisers lautet, daß nichts im Leben wiederholbar
sei und deshalb die Übereinstimmung mit sich selbst für
keinen Moment vernachlässigt werden dürfe:

> Sag nie mehr, bei deiner Seele!
> Als du spürst. Bei deiner Seele!
> Tu nicht eines Halms Gewicht
> Mit verstelltem Mund hinzu.

Der Fehler wäre »ein Zu-viel im Reden, ein Übertreiben«[49],
das zu einer Spaltung des Ich und in einen Zustand der
Unwahrheit führt. Der entscheidende Punkt, an dem diese
Verfehlung möglich ist, ist »die Rede als soziales Element,
als das soziale Element« und damit das zentrale Thema
Hofmannsthals, der »Fäden von hier zurück zu Claudio,

47 SW, S. 707 f.
48 SW, S. 704 f.
49 SW, S. 705.

nach vorne zu dem Lord Chandos des ›Briefes‹ und zu dem ›Schwierigen‹« führen sieht.⁵⁰

Den Unterschied zu *Der Tor und der Tod* beschreibt er damit, daß »hier der – übrigens unvollkommene – Versuch gemacht [sei,] in der eigentlichen Sprache der Poesie, der Symbolischen, auszudrücken was dort monologisch gesagt wurde«.⁵¹ Für dieses symbolische Spiel wählte Hofmannsthal eine nur bedingt historisch zuordenbare Szenerie, den byzantinischen Kaiserhof: »das Costüm, Zeit etc. nur zum Schein, ganz nebensächlich« notierte er um 1918, um gleichzeitig zu betonen, daß er das Stück als »höchst persönliche Enunciation«⁵² ansehe. Dennoch ist das historische Kostüm fundiert, so der Beiname des Kaisers Porphyrogenitus, der auf das Epitheton Konstantins VII. zurückgeht und den in der Purpurkammer Geborenen meint.⁵³ Einen weiteren Bezug zur Realität nahm er mit dem Namen des Kämmerers auf, Tarquinius Morandin, der einen Lehensnamen – Morandinus – seines Freundes Leopold von Andrian in das Stück bringt.⁵⁴ Peter Szondi weist darauf hin, daß das in spanischen Trochäen geschriebene Stück ein spanisches Motiv der Weltliteratur abwandelt: das der Jüdin von Toledo, das im 17. Jahrhundert von Lope de Vega und im 19. Jahrhundert von Grillparzer behandelt worden ist. Szondi spricht auch davon, daß Hofmannsthal »sich [...] einer fast allzu penetranten Symbolik, eines Legendentons [bedient], der die Werke deutlich als solche des Jugendstils lokalisiert«.⁵⁵

Es mag dieser Lokalisierung entgegenkommen, daß *Der Kaiser und die Hexe* im Januar 1900 in der Monatsschrift *Die Insel* erschien, mit einer Titelseite des Worpsweder

50 SW, S. 705.
51 SW, S. 706.
52 SW, S. 706.
53 Vgl. SW, S. 708.
54 Vgl. SW, S. 710.
55 Szondi (s. Anm. 45), S. 308.

Künstlers Heinrich Vogeler und einer Zeichnung von Thomas Theodor Heine. Als noch prominenteres Beispiel der Jugendstilbuchgestaltung kann die bibliophile Buchausgabe im Verlag der Insel, mit Zeichnungen von Heinrich Vogeler, gelten.

Die lyrischen Dramen Hofmannsthals waren für die Zeitgenossen Lektüreereignisse, kaum solche des Theaters. Daran ändern die Aufführungen der *Frau im Fenster* (Berlin, Mai 1898), des *Tor und Tod* (München, November 1898) und des *Tod des Tizian* (bei der Totenfeier für Arnold Böcklin, 1901) wenig; und daran hat sich seitdem wenig geändert. Insbesondere das *Kleine Welttheater*, das zu Lebzeiten des Autors nicht aufgeführt wurde, steht für das Übergewicht des monologischen Lyrischen dieser Dramen, dennoch ist die Tendenz zum dramatischen Geschehen zwischen mehreren Figuren – wie in Hofmannsthals Lyrik auch – nicht zu übersehen. Mit den lyrischen Dramen nähert sich der Autor dem Theater, wobei das Theater durchaus ein Puppentheater oder ein Schattenspiel sein konnte,[56] eher jedenfalls, als das reale Theater der Zeit.

Gestern, Der Kaiser und die Hexe sowie *Der weiße Fächer* wurden 1926 bzw. 1927 uraufgeführt. Die Wiener Premiere des *Kaisers und der Hexe* fand am 16. Dezember 1926 mit der Spielgruppe des Gymnasiums »Zu den Schotten« statt. Im Zusammenhang damit steht der bereits zitierte Brief, in dem Hofmannsthal sein Verhältnis zu dem Stück beschreibt. Anfang Mai 1927 wurde *Der weiße Fächer* an der Wiener Akademie für Musik und darstellende Kunst zum ersten Mal gespielt. Die Aufführung von *Gestern* schließlich, bei einer Abendgesellschaft im Februar 1926, hatte nach den Tagebuchnotizen Kesslers eine negative Wir-

56 Vgl. SW, S. 619, Anm. 3, zu dem Plan, das *Kleine Welttheater* vom Marionettentheater Münchner Künstler aufzuführen, und SW, S. 642, Anm. 2, zu einer »Aufführung des *Weißen Fächers* auf der Schattenbühne im Salon Victor Mannheimers in München 1909«.

kung: »Auffallend war die Ablehnung des Hofmannsthalschen Stücks durch die Jüngeren [...]. Sie fanden es ›verstaubt‹, beziehungslos: ›Was soll es uns?‹ Der Krieg ist darüber grausam hingegangen, weil es ganz in Beziehung auf
ein Publikum geschrieben ist, das es jedenfalls heute nicht
mehr gibt, vielleicht nie gegeben hat.«[57]

Ein solches Urteil, sollte es über die Zeit, in der es geäu-
ßert wurde, hinaus zutreffen, bedeutete nichts Gutes für die
Zukunft der Stücke. Soll ihren Themen dagegen wirkliche
Aktualität zukommen, mag es hilfreich sein, sie mit einer
Phantasie, die nicht »verstaubt« ist, zu lesen, zu sprechen
oder zu spielen. Was die Texte dann zeigen könnten, beschreibt mit Bezug auf den *Tod des Tizian* ein Brief Hofmannsthals an Kessler aus dem Jahr 1903: »Vielleicht eine
Kühnheit, an die ich noch kaum zu glauben wage: vielleicht
Costüme von einer Frechheit, einer unhistorischen Be-
fremdlichkeit, die mich entzücken wird. Vielleicht eine wegwerfende Behandlung des Textes, bei dem meine Tiraden
nur der Vorwand sind, der Vorwand für Beleuchtungen für
Musik«.[58]

57 SW, S. 326.
58 SW, S. 381.